正持名時，能知離心無佛、離佛無心，
心佛不二，即是實相念佛。
若加信願，臨終上品上生，非最上利根者不能。
故知持名念佛，普被三根，無機不攝，
至圓頓、最直捷。

佛説阿彌陀經白話解釋

黄智海◎演述

阿彌陀經白話解釋序

淨土法門．實爲十方三世一切諸佛．上成佛道．下化衆生之通規。亦爲末法時代一切衆生．仗佛慈力．即生了脫之要道。良以如來所說一切法門．無非令衆生出生死．成佛道耳。但以上根者少．中下者多。故能於即生了脫者．雖在正像．尚不多見。況末法人根陋劣．壽命短促．知識稀少．邪外縱橫之時乎。由是如來豫鑑機宜．特開淨土一門．俾一切若聖若凡．上中下根．同事修持．同於現生往生淨土。上根則速成佛道．下根則亦預聖流。較彼一代所說仗自力法門．下手易而成功高．用力少而得效速。以佛力法力．不可思議。加以衆生信願行力．則無論功夫淺深．罪業輕重．皆得蒙佛慈力．接引往生也。以故如來於諸大乘經．咸皆帶說．如華嚴、法華、楞嚴、等。其專說者．則有阿彌陀經．無量壽經．觀無量壽佛經。此三經中．凡彌陀之誓願．淨土之莊嚴．三輩九品之生因．十方諸佛之讚歎．悉皆顯示無遺。而阿彌陀經．言簡義周．最易受持。由是古人列爲日課．無論若宗、若教、若律．皆於暮時讀誦。是舉天下之若僧若俗。無不以淨土爲歸者。然雖如是行持。若不諦審佛祖立法之所以然者。猶然不以求生西方爲事。殆所謂日用不知、習矣不察者乎。卽通宗通教之高人。尙多崇尙自力法門。不肯仰仗佛力。其志固高。其事實難。卽生做到。倘惑業未能淨盡。再一受生。多半迷失。不但所期皆成畫餅。且有因福造業。後生墮落之虞。由是言之。誠堪畏懼。須知淨土法門。爲一代時教中之特別法門。不可以與通途法門並論。若不明此義。以仗自力通途法門之義。疑仗佛力特別法門之益。而不肯信受。則其失大矣。佛說難信。蓋卽指此。若無此執。則誰不信受奉行焉。近來世道人心。陷溺已極。無可救藥。凡有具正知見之偉人傑士。莫不以提唱因果報應生死輪回。爲挽回狂瀾之據。精修淨業。求生西方。爲究竟安隱之法。一唱百和。無不率從。由是喫素念佛。改惡修善者。日見其多。所可惜者。普通善信。未嘗學問。雖日讀彌陀經。究不知所說者爲何義。縱有疏鈔、要解、等注。亦非彼所能閱。黃智海居士。利人心切。取疏鈔要解之義。以白話解釋之。俾彼稍識字者。亦得憭知經義。由是更加精進。竭誠修持。幷以轉化有緣。則現生身心清淨。優入聖賢之域。臨終感應道交。直登極樂之邦。其爲利益。莫能名焉。爰書大義。以貢閱者。

民國十六年丁卯夏曆正月常慚愧僧釋印光謹撰

序二

佛以無上妙慧。觀一切眾生。知其根性大小不同。而以方便智、說方便法。爲闡提人、說十善。爲小乘人、說四諦。爲中乘人、說十二因緣。爲大乘人、說六波羅蜜。皆對病根。投以良藥。此蓋方便教中不易之典也。復以徹底大悲。鑒六道羣機。識其道緣淺深匪一。以殊勝異方便智。說殊勝異方便法。爲上根人、說觀想念佛法。卽觀無量壽佛經、前十二觀皆是也。爲中根人、說觀像念佛法。第十三觀是也。爲下根人、說稱名念佛法。爲最下根、業重障深人、說臨終十稱念佛、卽得往生法。第十六觀是也。可見佛無棄人。惟人自棄耳。獨有佛說阿彌陀經之信願持名念佛。尤爲方便之方便。殊勝之殊勝。須知持名有二種持法。一者事持。但將阿彌陀佛四字。驀直持去。持至一心不亂。臨終決定往生。卽不可以中下根論。二者理持。正持名時。

能知離心無佛．離佛無心．心佛不二．即是實相念佛．若加信願．臨終上品上生．非最上利根者不能。故知持名念佛．普被三根．無機不攝。至圓頓．最直捷。七日成功．片言即證。橫超三界．豎徹五時。誠爲稀有難信之法門。故感六方諸佛．異口同音．稱揚勸信。釋迦如來．四辯八音所親宣也。經中、初則詳陳依正莊嚴以啓信。中則特勸應求往生以發願。後則正示執持名號以立行。一經宗旨．惟信願行。義無餘蘊．文相昭然。嗚呼．時至末法．鈍根者多。五濁繁興．三災頻仍。而此經者．持誦固多．研詳實寡。雖有雲棲疏鈔．靈峯要解．類皆文言法語．自非初機淺識人、能得實益。海上黃子涵之．有鑒於斯。先以淺近苦切之詞．編成白話．說明兩土苦樂形容。俾知此土有三毒、四倒、六道輪回之苦．而生厭離．彼國有七珍、八德、九品蓮華、之樂．而生忻慕。詳言彼方、其國無有三途八難．瓦礫泥砂．純以珍寶而爲莊嚴。其人無有九惱十纏．死生老病．純以聖賢而爲眷屬。庶幾初機人修淨業者．知所趨向．遂命名曰初機淨業指南．出數千部書．風行海內．可謂煞費婆心矣。茲仍以淺近白話文字．取諸祖意．解釋此經。語甚夷易．事出常談。覽其詞．能識其心。識得心．不待境靜、而心自靜。不提心念、而佛自念。可謂大悲芬陀利。法炬陀羅尼。隨俗而即俗明眞。變淨而以淨覆穢。若空谷之答響。洪鐘不待扣矣。噫。道本無言。非言不顯。且此經者。我佛不得已而言之也。言有不達。道無以明。是則前祖之疏解。亦不容其已也。言既高深。鈍根難入。今用白話文字解釋佛經。又寧得而已之哉。余故知以白話之淺言。暢經中之深義。既甚便於初機。深有裨於法化。俾彼讀者由淺而知深。即近而悟遠。因是書之言。而知疏解之言。因疏解之言。而悟佛經之言。佛言悟矣。信以之而眞。願以之而切。持名念佛之行。以之而相續不斷。求生極樂之心。可勇決矣。

時維民國丁卯夏釋諦閑述於四明觀宗寺之密藏居

阿彌陀經白話解釋說明原因同了看的方法

修行的方法很多。但是有些方法。不是我們這些根機淺薄的人。能彀做得到的。有些方法。做起來很難。很長久。恐怕等不到修成功。修行的心。已經退了。或是修還沒有修成功。人倒已經要死了。還有些方法。做起來。若是不十分明白裏頭的道理。往往就要著魔的。只有這箇念佛修到西方極樂世界去的方法．最是穩當．最是容易。這箇方法．凡是大乘經裏頭．【一甚麼叫做大乘、下邊皆是大阿羅漢一句的解釋裏頭、會講明白的、】都帶說著的。若是專門說這箇方法的．有三部經。一部是無量壽經。一部是觀無量壽佛經。一部就是這阿彌陀經。前二部經．很長的．讀也很不容易。並且經的句子．文理很深。所講的道理．同了修行的方法．又不是人人都能彀懂得．都能彀做得到的。只有這部阿彌陀經．說得最簡便．最明白。所以念佛的人．都要天天念的。但是佛經的文理．是很不容易懂的。雖然從前有許多高明的大法師．把這部阿彌陀經．詳詳細細的解釋。可惜都是文理很深的．讀書人還可以懂得．若是不懂文理的善男信女們．就不會明白了。我看見許多信佛的善男信女們．大半都會念阿彌陀經的。但是這些善男信女們．口裏頭儘管念．究竟阿彌陀經講些甚麼．念了有甚麼好處．那就不曉得的多了。有些婦女們．竟然把這部阿彌陀經．看得很輕的。說道念了阿彌陀經．死了去做起鬼來．可以抵得多少錢用。咳．這眞是笑話了。阿彌陀經的好處．說也說不盡。那裏只可以抵做錢用呢。況且一箇人死了．總要盼望生到西方極樂世界去．才可以免得這生了又死、死了又生的無窮無盡的苦惱。那裏可以打這種做鬼的主意呢。我因爲可憐這些善男信女們、白用功夫、所以我把這部阿彌陀經、一段一段分開了。再把他一句一句、用白話來詳詳細細的解釋明白。並且用兩種方法來解釋。一種解釋、叫做解。就是下面前邊一種小字開頭有一箇【解】字的。這是完全照了經的字句、簡簡單單解釋的。但是有好多地方、只不過照字句解釋、還恐怕不明白。一定再要把他的來根、大略說幾句、才會懂得的。這種的解釋、就是下面後邊一種小字、開頭有一箇【釋】字的。若是讀這本經的人、只要曉得些大略的意思、那末只要看【解】、倘然要曉得明白些的、那末看了【解】、再看【釋】、都可以隨便的。不過我雖然用白話來解釋、但是我仍舊照了從前許多很高明的大法師、用文理來解釋的話、把他改做白話罷了。並沒有一句、照我自己的意思解釋的。還恐怕有不妥當的地方、教人看了、倒反誤人。所以又請了普陀山的印光老法師改正過的。你們讀這本經的人、可以放心、不會還有錯誤的了。但願你們看了這本白話解釋的阿彌陀經、大家照這本經上所說的方法、一心一意的相信西方眞有這種極樂世界。時時刻刻、發出願心來、要想到西方極樂世界去。只消天天念佛、一定可以去的。念佛越念得多越好。自己念了、還要勸勸你們的父母兄弟親戚朋友、大家都發心、一同做善人、一同念佛、一同要想到西方極樂世界去。平常時候、各種善的事情、都要去做做。各種惡的事情、一些些也不要做。那末一定會成功的。若是我說了謊、騙你們、我死了去到閻羅王那裏、要受拔舌的罪的。你們相信了我的話、將來我同你們、都到西方極樂世界去、做阿彌陀佛的弟子。同了觀世音、大勢至、文殊、普賢、許多的大菩薩、還有往生的許多最上等的善人、【往生的往字、就是去字的意思、往生、就是生到西方極樂世界去、】常在一塊兒、親近阿彌陀佛、聽佛說法。就可以漸漸的修行、漸漸的進步上去、一直到成佛的地位了。你說這一箇方法、好不好呢。若是曉得了這樣的好方法、那箇還肯讓旁人去得、不願自己得呢。既然要得這樣的好處、那就請你們大家、發起認眞切實的心、快快的念起來、快快的照這種方法做起來、就決定可以得了。

阿彌陀經白話解釋卷上

印光法師鑒定　　皈依弟子黃智海演述

佛說阿彌陀經

【解】釋迦牟尼佛說的這一部經．叫做阿彌陀經。

【釋】佛、就是釋迦牟尼佛．這釋迦牟尼佛．本來早就已經成了佛的．因爲要勸化我們這箇世界上的人．所以特地來投胎做人。在中印度迦毗羅衛國．那箇國王的名號．叫淨飯王．他的夫人．叫摩耶夫人．釋迦牟尼佛投胎到摩耶夫人肚裏。在周朝的昭王二十六年．是甲寅年份的四月初八日．從摩耶夫人的右邊脅骨中間生出來的。就是堂堂皇皇的一位太子。後來長大成人了．看見世界上的人．受種種的苦惱。覺得在這箇世界上做人．一些沒有甚麼好．就一切都看破了。情願不做太子．出家去修行。從十九歲出家起．修到三十歲就得了道．成了佛。後來就在各處地方說佛法勸化世界上的人。到七十九歲．就入了涅槃了。甚麼叫做涅槃呢。涅槃是梵語．就是現在的印度話。涅字的解釋．是不生。不生、就是沒有生相。【覺得有生出來的形相、叫做生相】槃字的解釋．是不滅。不滅、就是沒有滅相。【覺得有消滅去的形相、叫做滅相】沒有生的形相．也沒有滅的形相．就是佛所證的眞如實相．【證、是得到的意思】眞如實相、就是自己本性的清淨心、因爲沒有虛假、所以說是眞、因爲完全平等、所以說是如、這是眞實的心相、所以說是實相、○清淨心、也可以叫眞實心、本性的清淨心、也就可以叫眞性、是看不見的、雖然看不見、但是永遠不會改變、永遠不會消滅的、不論甚麼東西、凡是會改變的、會消滅的、就是虛的假的、這種永遠不改變、永遠不消滅的眞性、才可以說是眞的、並且從佛起、一直到地獄裏頭的衆生、都有的、都是一樣的、所以叫完全平等、各種佛書裏頭、常常說到衆生就是佛、就是這箇緣故、○衆生兩箇字、除了佛、從菩薩起、一直到地獄、都可以叫的、下邊解釋其國衆生一句裏頭、會詳細說明白的、】究竟常住不變的道理。【常常是這箇樣子、永遠沒有變動、所以叫常住不變、】佛因爲要教化衆生．所以現出投胎出世的形相來。到了敎化的事情完畢了．仍舊歸到他本來沒有生．也沒有滅的眞如實相去了。這就叫做入涅槃。那些不知道的人．看見佛入涅槃．就算佛死了。那裏曉得佛是永遠不會死的．這種道理．很深很深。不說明白．恐怕人家倒反要起疑惑。但是要拿白話來說明白．實在是很不容易。我先把佛的三種身體．約略說幾句。使得大家可以知道佛的涅槃．比了凡人的死．是大不相同的。怎麼說佛的三種身體呢。凡是一箇人．修到成功了佛．都是有三種身體的。那三種身體呢。一種叫做法身。是拿所有一切法平等的眞實性來．做他的本體的。不可以把形色相貌來拘泥的。【法字、在佛經裏頭、解釋起來、不論甚麼東西、不論甚麼事情、不論甚麼境界、凡是有名目可以叫得出的、有形相可以看得見的、都叫做法、一切法平等、就是不論隨便甚麼、都是一樣的、沒有分別的、這就是佛的本性、也就是佛的身體的根本、所以叫拿這箇眞實性來做本體、這箇道理、實在是佛法眞正的道理、但是很深的、很不容易懂的、又沒有法子把淺的話來解釋明白、看了不懂、可以不去管他、只要記牢了佛的法身、不是同了人一樣有形色相貌的、就是了、○本體的體字、實在就是從佛起、一直到地獄的衆生、本來有的那箇眞實性、也實在就是身體的根本、但是並不是我們這種血肉的身體、千萬不可以弄錯的、】一種叫做報身。是因爲所修的種種功德、修得長久了、積得多了、現出這箇極莊嚴的身體的形相來、【莊嚴兩箇字、有端正尊重的意思、下邊解釋池中蓮華一節的小註裏頭、會說明白的、】享受快樂的報應。這種報身、只有大菩薩能彀看得見、凡夫是看不到的。一種叫做應身。是因爲衆生的根機緣分、感應了佛、所以變化出這種身體的形相、到世界上來專門度脫衆生的。大家不要聽我說了佛有三種身體、就疑惑一尊佛有三種身體、不是就變成了三尊佛麽。要曉得雖然說起來有三種身體、實在仍舊只是一尊佛。並且所說的只是一尊佛、還是就法身報身說的。若是講到應身、那末一尊佛、就可以變化出無窮無盡的佛來了。譬如天上月的影子、印在各種的水裏頭、不論是江、是河、是海、就是很小的水缸裏頭、也都有一箇月的影子現出來的。這許多影子、究竟還是有許多的月呢、還是只有一箇月呢、自然是只有一箇月了。

佛的應身。就是從這箇法身上顯現出來的。法身就譬如月。應身就譬如月的影子。所以應身雖然多得很。法身實在是只有一箇。就同這一箇月。可以在各處水裏頭。都印到的道理。是一樣的。月碰到了淸淨的水。就能彀顯出月的影子來。佛碰到了有根機緣分的衆生。就現出應身來。給有根機緣分的衆生看。等到可以度脫的衆生度完了。佛就現這種入涅槃的相了。譬如水乾了。月的影子。也就沒有了。但是水乾了後。月的影子。雖然看不見了。究竟月還是好好的在那裏。一些些也沒有變動。不可以就說是沒有月了。況且水乾的地方。看不見月的影子。那些有水的地方。仍舊都可以看見這月的影子的。從這箇道理想起來。就可以曉得佛入了涅槃。不可以說佛沒有了。不過我們這箇地方看不見罷了。或者我們這些人。同了佛沒有緣分。所以看不見的。並不是佛沒有了。況且佛有三種身體。就有三種名號。現在所說的釋迦牟尼佛。是梵語。釋迦兩箇字。就是中國文的能仁兩箇字。【能、是能幹。仁、是慈悲。】牟尼兩箇字。就是中國文的寂默兩箇字。【寂、是寂靜不動的意思。默、是符合本性的意思。】這是他應身佛的名號。若然要曉得他法身佛的名號。梵語叫做毗盧遮那。中國文叫徧一切處。就是無論甚麼地方。沒有不周徧的意思。他報身佛的名號。梵語叫做盧舍那。中國文叫光明徧照。就是身上的光明。廣大得很。無論甚麼地方。都可以照到的意思。我們看見寺院裏邊。大雄寶殿上。中間塑的一尊很大的佛。就是釋迦牟尼佛。各種佛經。都是釋迦牟尼佛說的。這部經的名目。叫做阿彌陀經。是釋迦牟尼佛所說各種經裏頭的一種。爲甚麼叫他做阿彌陀經呢。因爲有一尊佛。名叫阿彌陀佛。從前發心修行的時候。也是一箇國王。他父親的名號。叫月上轉輪聖王。母親叫殊勝妙顏夫人。在那箇時候。他的國裏頭。出了一尊佛。名號叫世自在王佛。他聽了佛說的法。覺得學佛法。有種種的好處。在世界上做人。有種種的苦惱。所以就拋棄了王位。出家去修行。法名叫做法藏。並且還立了重誓。【誓字、就是俗話說的賭咒、有決定要做到的意思、】情願修成了佛。現出一箇很清淨的世界來。好讓衆生都投生到那裏去。享受種種的快樂。現在這部經裏頭所說的西方極樂世界。就是阿彌陀佛。經過了好多劫數。【劫、是記年代的大數目、在下邊解釋無量無邊阿僧祇劫一句裏頭、會詳細講明白的、】修福修慧。【慧、是明白眞實的道理、不起一絲一毫癡心妄想的念頭、○妄想、就是亂轉念頭、】修成功了。所現出來的世界。他在修行的時候。他還在世自在王佛的面前。發了四十八箇大願心。【四十八箇大願心、在無量壽經裏頭、詳詳細細說明白的、】這四十八箇大願心裏頭。第十八箇大願心說。若是我成了佛。十方世界一切的衆生。【東方、南方、西方、北方、東南方、東北方、西南方、西北方、上方、下方、叫做十方、】若是誠心相信。並且願意要生到我的國裏頭去。只要他念我的名號。就一定可以去的。倘然念我名號的衆生。不能得生到我的國裏頭去。我就不願成佛了。阿彌陀佛有了這樣的大願心。才能得成佛的。這一部經裏頭所說的。都是說西方極樂世界種種的好處。同那要生到那裏去的方法。所以這一部經。叫做阿彌陀經。但是我們這些人。本來不曉得有西方極樂世界。也不曉得西方極樂世界。有說不盡講不完的好處。更加不曉得用甚麼方法。可以生到西方極樂世界去。釋迦牟尼佛的心。慈悲得很。哀憐我們這些人的苦惱。所以特地說這一部阿彌陀經。把西方極樂世界種種的好處。同了修到西方極樂世界去的最容易、最簡便的方法。都在這部阿彌陀經裏頭。說給我們聽。教我們依了這種方法去修。就決定能彀生到西方極樂世界去了。這阿彌陀經四箇字上邊。加佛說兩箇字。是要我們曉得這一部阿彌陀經。是釋迦牟尼佛金口親說的。不是旁人假造出來的。佛決不說假話的。我們念這部阿彌陀經的人。都不可以有一些些疑惑心的。一定要切切實實的相信的。○這一句。是這一部經的名目。

姚秦三藏法師鳩摩羅什譯

【解】這部阿彌陀經。本來是西域的梵文。【西域、就是現在的印度國、梵文、就是印度國的文字、】在從前南北朝的時候。秦國有一位精通各種經典的大法師。名字叫鳩摩羅什。翻譯成功中國文字的。

【釋】我們中國在南北朝的時候。亂得很。分了好幾國。都是自己稱做皇帝的。那箇時候。前後有兩箇秦國。一箇秦國的皇帝姓苻。名字叫堅。所以大家稱他做苻秦。也稱前秦。後來被姚萇奪做了皇帝。雖然仍舊叫做秦國。但是皇帝改了姓姚的。所以大家稱他做姚秦。也稱後秦。這位法師。是姚秦時候的人。所以稱他做姚秦三藏法師。三藏的三字。是指經、律、論、三種。藏字、是包藏的意思。因爲經、律、論、三種。都包藏著許多的道理在裏頭。所以叫三藏。就是經藏、律藏、論藏、三種。經、是佛說的各種經。律、是講應該守的各種戒。【戒、是自己禁戒自己、不但是不做種種的惡事、就是惡的念頭、也一些不轉】譬如我們在家人的法律一樣的。論、是專門講許多佛法的道理的。經藏裏頭。戒、定、慧、的道理。【戒、定、慧、三種道理、實在是佛經裏頭最要緊修的、能彀在這三種道理上用功夫、才可以把一箇人的種種壞處、漸漸的去掉、○定、是一心一意、專誠用功佛法、不去轉一絲一毫別種亂念頭、慧字、在前邊解釋佛說阿彌陀經一句的小註裏頭、已經講明白過的】都講到的。不過講定的地方最多。律藏、是專門講一種戒的道理。論藏、是專門講一種慧的道理。這位法師。是精通這三種學問的。所以稱他做三藏法師。法師、是精通佛法的出家人。能彀把佛法來敎導世人的。鳩摩羅什四箇字。是法師的名字。譯字、是翻譯的意思。中國所有的佛經。本來都是從印度各國請來的。都是印度的梵文。各種佛經。都是許多很高明的大法師．把梵文來翻譯成中國文字的。這部阿彌陀經．是鳩摩羅什法師翻譯出來的。法師是印度地方中天竺國人．生在葱嶺東的龜茲國。他的父親名字叫鳩摩羅琰．做過宰相的。他七歲的時候．就明白佛法的道理。後來就專心用功．精通佛法。苻堅聽到了他的大聲名．就派一箇將官叫呂光的．去攻打龜茲國．接法師來。等到呂光接到了法師．回到涼州地方．姚萇已經奪了皇帝的位．所以就在涼州住了幾年。後來姚萇的兒子姚興．做了皇帝．才把法師迎接來。就拜他做國師。【國師、是皇帝拜他做師父的好名目、皇帝拜了他師父就請他在全國裏頭傳揚佛法了、】他所翻譯的佛經．總共有三百九十多卷。他差不多要死的前幾天．對了許多人說道。我所翻譯的佛經．若是沒有翻譯錯．那末我死後．燒起我的身體來．我的舌頭．不會焦爛的。後來他死了．就照佛教的規矩．把他的身體火化了。身體燒得一些沒有了．獨有這一條舌頭．還是好好的．沒有燒去。所以可見得他所翻譯的這部阿彌陀經．是決定一些沒有錯的。但是念這部阿彌陀經的時候．這姚秦三藏法師鳩摩羅什譯的一句．是不要念在裏頭的。〇這一句．是說明白這一部阿彌陀經。是某人翻譯的。

如是我聞。一時、佛在舍衛國、祇樹給孤獨園。

【解】我親自聽得佛是這樣說的。有一箇時候。釋迦牟尼佛。【下邊只稱佛、】在舍衛國的一箇花園裏頭。這箇花園。叫做祇樹給孤獨園。

【釋】這一部阿彌陀經。雖然是釋迦牟尼佛【下邊只稱佛、】說的。但是佛說過了。並沒有記出來。後來佛的堂弟。就是佛的弟子。名叫阿難的。恐怕日期長久了。大家都記不得。所以特地把佛所講過的佛法。一句一句的都編集起來。如是我聞的如是兩箇字。是這箇樣子的意思。就是總指這一部經。我字、是阿難自己稱的。佛差不多要入涅槃的時候。阿難問佛。將來編集起佛經來。開頭第一句。怎麼樣說法。佛回答阿難道。佛經第一句一定要用如是我聞四箇字。才可以證明白這種經都是你阿難自己親聽得佛說的。不是從旁人那裏聽來的。因爲佛這樣吩咐過阿難的。所以阿難編集的各種佛經。開頭第一句。都有如是我聞四箇字的。一時兩箇字。是有這麼一箇時候的意思。因爲時候各處不同的．所以不能彀說定某年某月。譬如我們現在用的陽曆正月初一．在陰曆還是十二月。有的時候．或是還在十一月。又像夏朝的十一月．到周朝就算是正月了。又像忉利天的一晝一夜．【忉利天、同了下邊的夜摩天、在後面解釋無量諸天大眾俱一句裏頭、會詳細說明白的、】在我們這箇世界上．已經是五百年了。夜摩天的一晝一夜．在忉利天．已經是五百年了。所以佛經上講到佛說法的時候．都是渾說一箇時候．不能彀說定是在甚麼年份月份．就爲這箇緣故。舍衛國、是一箇大國的國名．就是現在的印度地方。祇樹給孤獨園．是舍衛國裏頭的一箇花園。舍衛國有一箇有財、有勢、有學問、有道德、的人．名叫須達多。他時常周濟窮苦的人．所以都叫他給孤獨長者。【長者、是年紀大、道德高的稱呼、】那箇時候．舍衛國的國王有一箇太子．名叫祇陀。他有一箇花園．叫逝多園．裏頭樹木很多的。這給孤獨長者．想問祇陀太子買這箇花園．來造些房屋在裏頭．請佛來說法。太子假意不肯．說要把金子來鋪滿了這箇花園的地．才肯賣給你。給孤獨長者聽了．就拿出自己家裏所有的金子來．鋪在花園的地上。那太子看他誠心得很．就把這箇花園送給他了。後來就把他們兩箇人的名字．做了這箇花園的名字．所以叫做祇樹給孤獨園。○這一時佛在舍衞國．祇樹給孤獨園兩句經．是說明白佛在甚麼地方。

與大比丘僧、千二百五十人俱．

【解】同了出家的一千二百五十人．在一塊兒．

【釋】與字、是同了的意思。比丘、是梵語。出家的男子．受了具足戒的．叫比丘。就是俗人都稱他們做和尙的男子。出家的女人．受了具足戒的．叫比丘尼。就是俗人都稱他們做尼姑的女人。具足戒的具足兩箇字．是完全的意思。戒、是防備做不規矩的事情．同了禁止做惡事情的方法。戒有好幾種．有多有少的。受具足戒．就是受全戒．沒有比這種戒再多的了。受過了戒．就不可以再犯了。譬如受了殺戒．就不可以殺活的東西了。出家的男子．受的具足戒．總共有二百五十條。受了這二百五十條具足戒的男子．才可以算是比丘。出家的女人．受的具足戒．總共有五百條．受了這五百條具足戒的女人．才可以算是比丘尼。凡生到西方極樂世界去的人．都是男身。就是婦女們．倘然生到了西方極樂世界去也都會變做男身的。這是阿彌陀佛四十八箇大願心裏頭有一箇願說道。我若是成了佛。倘然生到我的國裏來的女人。仍舊是女身的。我就不願成佛。阿彌陀佛發過這樣的大願心所以西方極樂世界只有男身。沒有女身的。因爲只有男沒有女所以只有比丘。沒有比丘尼的。但是這部經裏邊所說的大比丘僧。那都是釋迦牟尼佛的弟子。在舍衛國聽佛說法的。並不是西方極樂世界的人。僧字、是許多人和合在一處的意思。因爲出家人都是許多人和合在一處修行的。所以出家人叫做僧。這一句經裏頭比丘上邊。加一箇大字。可見得這些比丘。都是道行很高的。並不是初出家的人能彀比得上的。俱字、是一處的意思。這些比丘僧。同佛常常在一處的。總共有一千二百五十人。佛得道後。最先度脫他們的。又僧字、是從菩薩起。直到初出家受過具足戒的。都可以稱的。○這兩句是說同佛在一處的人的數目。

皆是大阿羅漢。衆所知識。

【解】上邊所說的一千二百五十人。都不是平常的出家人。都是大阿羅漢。大衆人都知道他們認識他們的。

【釋】阿羅漢、就是俗人叫做羅漢的。一箇人修行．將來就會得到好報應。一箇人造業．將來就會得到苦報應。修行修到樣樣完全．樣樣圓滿．就成佛了。修六度萬行的．就是菩薩。修十二因緣的．就是緣覺．又叫辟支佛。修四諦的．就是聲聞。修上品十善業的．【業字、凡是所轉的念頭、所做的事情、不論善的惡的、都叫做業、轉善念頭、做善事情、就叫善業、轉惡念頭、做惡事情、就叫惡業、】生在天道。就是生到天上去．做天上的人。修中品十善業的．生在人道。【還有一種說法、是守五戒的、生在人道、○五戒、下邊就會說明白的、】修下品十善業的．生在阿修羅道。【修得最認眞的、叫做修上品、差一些的、叫做修中品、再差一些的、叫做修下品、】阿修羅、是鬼神的另外一種。他前生也很肯修福的．但是有妒忌旁人的心。並且發火的心很厲害的。所以就落在這阿修羅道裏頭去了。犯下品十惡業的．生在畜生道。犯中品十惡業的．生在餓鬼道。犯上品十惡業的．生在地獄道。【十惡業犯得最重最多、叫做犯上品、差一些的、叫做犯中品、再差一些的、叫做犯下品、○上邊是先把修行造業的各種人所受的種種報應、所以不相同的緣故、大略說一些、到下邊再把一種一種的說淸楚、】六度、第一是布施。【梵語叫檀那波羅蜜、】但是布施有兩種。一種叫法施．就是拿佛法來勸化人。一種叫財施．就是拿錢財物件來周濟窮苦人。第二是持戒。【梵語叫尸羅波羅蜜、】就是守住佛的禁戒．不造各種惡業。第三是忍辱【梵語叫羼提波羅蜜、】就是忍耐一切苦痛。受了旁人的欺．不同他爭鬧。第四是精進。【梵語叫毘梨耶波羅蜜、】就是各種善事肯發狠的去做。各種惡事．肯發狠的禁止。第五是禪定。【梵語叫禪那波羅蜜、】就是把這箇心．安住在眞如實相的道理上。【眞如實相四箇字、在前邊解釋佛說阿彌陀經一句裏頭、已經詳細講明白了、】不放他散開來想雜亂的念頭。第六是智慧。【梵語叫般若波羅蜜、】就是能彀分別眞正的道理．破除種種的迷惑。萬行、是修一切的功德。菩薩專門這樣的修．等到功行修圓滿了．就成佛了。十二因緣、第一是無明。就是不明白眞正道理的意思。因爲不明白道理．就會生出種種的煩惱來．所以又叫做煩惱的根本。第二是行。行字的意思．就是沒有停歇。因爲種種的煩惱．沒有停歇的時候．常常的動起心來．就造出種種的業來了。第三是識。識、是業識．就是妄想分別的心。【分別、是不論甚麼事情、甚麼東西、都去分別他好的、不好的、喜歡的、不喜歡的、】因爲一箇人前世有了種種的業．就被這種種的業．感動了這箇識。看見有可以投胎的地方．就去投胎了。第四是名色。【這箇時候、一箇人的識、還沒有甚麼大用處、只有這箇識的名目、所以叫做名、身體雖然沒有完全成功、但是已經漸漸的要成功色身了、所以叫做色、】就是投了胎．識同了身體．都漸漸的長大起來了。第五是六入．又叫六根。就是眼、耳、鼻、舌、身、意．【意、就是念頭、】完全生成功了．要出胞胎了。第六是觸。就是初生出來年紀二三歲的時候．對了各種的東西各種的事情．還不很會分別他好的、壞的、苦的、樂的。第七是受。就是年紀到了六七歲的時候．對了各種的東西各種的事情．漸漸的會分別起好壞來。就覺得有時受著樂．有時受著苦了。第八是愛。就是年紀到了十幾歲的時候．就會生出種種愛的心、貪的心來了。並且生得很厲害的。第九是取。就是到了成人的時候．這種種的愛心、貪心．更加厲害。想到甚麼．就一定要得到手了。第十是有。有字、就是業字的意思。因爲有了要的心、就會生出煩惱來了。有了煩惱、就會造出種種業來了。既然造了業、就會有將來的結果報應了。第十一是生。就是照了現在所造的善業、惡業、將來就要受生生死死的苦。並且還不知道生到甚麼地方去哩。第十二是老死。就是既然有了生的苦、就一定有老的苦、死的苦了。第一種的無明、最是迷惑人的東西。有了這種無明、一箇人就糊糊塗塗的隨便造業。造了業、就要受報應了。受報應、就是在這箇生生死死裏頭、出了又進、進了又出。或是投人身、或是投畜生、總歸逃不出這箇關頭。所以這箇無明、實在是一箇人生生死死的根本。有了這箇根、就自然會生出第二種的行。一直生出到第十二種的各種因緣來了。一箇人死了去、死的是軀殼。他的靈性、【靈性、是最靈妙的知覺性、並不是大家所說的靈魂。靈魂、是常常要變的。靈性、是永遠不變的、○知覺性、是衆生本來有的性。有了這箇性、才有知覺。沒有這箇性、就同了木石一樣了、所以叫做知覺性、】仍舊還在的。不會死的。他的無明、也仍舊沒有破去。所以免不得還要投生做人。因緣的因字、是種子的意思。緣字、是幫助成功的意思。譬如種稻、一粒穀、是因地土、雨水、同了種田人的做工．是緣。不論甚麼事情．都要有因、有緣．才會成功。一箇人所以生了又死．死了又生．逃不了這箇生死的苦．就因爲有了這十二種因緣的緣故。緣覺曉得了生生死死的苦．所以就在這十二種因緣上邊用功。自己開悟了．得了道．就成功了一箇不生不死的身體。因爲他們覺悟了這十二種的因緣．所以稱他們做緣覺的。四諦、第一是苦諦。諦字、是見到了眞實的道理．一些也沒有錯的意思。苦諦、就是苦報應。第二是集諦。集字、是聚集的意思。就是貪、瞋、癡、等種種的煩惱．【貪、瞋、癡、三箇字、下邊就會講明白的、】同了種種的惡業．能彀聚集起各種苦報應來。第三是滅諦、就是滅除生生死死的苦惱。第四是道諦。就是照眞正的道理修行。因爲有了第二種的種種煩惱惡業．就有第一種的苦報應。所以要修眞正的道理．才可以滅除生生死死的苦惱。聲聞明白了這種道理．所以就在這四種道理上用功夫．修到了不生不死的地位。但是聲聞還有四種分別．叫做四果。果字、就是結果的意思。修到甚麼功夫．就結成功甚麼果。【也有叫做果位的、加一箇位字、就是得甚麼位子的意思、】功夫最淺的、第一種果．叫須陀洹。這箇名字是梵語。翻譯出中國文來．叫做入流．也叫做預流。意思就是剛剛明白得眞正的道理．可以進到聖人一類的地位了。功夫稍稍深一些的、第二種果．叫斯陀含。也是梵語。翻譯出中國文來．叫做一來。意思就是這箇人死了．就生到天上去．做一世天上的人。再生到我們人的世界上來．做一世的人。就能殼斷盡生死的苦惱．不再受生死了。功夫更加深一些的、第三種果．叫阿那含。也是梵語．翻譯出中國文來．叫做不來。意思就是這箇人死了．生到色界的天上去。有的就在這一層天上、證到第四種果．就了生死的。【了生死、就是不再生了又死、死了又生、】有的要在色界的各層天裏頭．一層一層的升上去．受了幾次的生．才了生死的。還有的要從色界天上．一直生到了無色界天上去．才了生死的。【上邊所說的色界天、無色界天、下邊解釋無量諸天大衆俱一句裏頭、都會詳詳細細說明白的、】但是總歸在天上修．一直要修到煩惱都斷得淸淸淨淨．不再生到人的世界上來。功夫最深的、第四種果．就是阿羅漢。也是梵語。翻譯出中國文來．叫做無生。意思就是一切煩惱．都斷得淸淸淨淨．一些也沒有．不再受生死的苦惱了。這四種果，總名叫聲聞。羅漢、是聲聞裏頭最高的一位。緣覺同了聲聞，只知道自己要逃脫這生生死死的苦。不肯發心度人的。不像菩薩，一邊自己修，一邊就專門想度盡世界上人的苦。所以聲聞、緣覺，叫做小乘。菩薩才是大乘。但是聲聞、緣覺，既然修到了阿羅漢、辟支佛、的地位，他們不論遲早，決定會回轉小乘的心來，歸向到大乘的佛道上去。發大願心，學做菩薩。菩薩情願再到世界上來，度脫一切苦惱的眾生的。到了這樣的地步，就是菩薩了。不過有的就在這一世裏頭發大心的。【大心、就是大乘心、大願心、】有的要過了許多劫數，才發大心的。但是決定沒有永遠不發大心的。乘、就是車。大乘、譬如大的車，可以多裝東西的。小乘、譬如小的車，不能彀多裝東西的。這是譬喻菩薩的心量大，【心、就是心思、量、就是限量、心量、實在就是俗話的度量、凡夫的心量、有限制的、所以小、菩薩的心量、沒有限制的、所以大、】能彀度一切眾生。聲聞、緣覺、的心量小，不能彀多度眾生。度脫的眾生多，就是修行的功德大。等到修行的功德圓滿了，就成了佛了。聲聞、緣覺，雖然不致於再到我們這箇世界上來做人，受生生死死的苦。但是倘然不發度人的大願心，修菩薩的道。那就終究不過是聲聞、緣覺罷了。不獨是不能彀成佛。並且也不會成菩薩的。所以一箇人修行。總要發度人的大願心。不可以只管自己顧自己的。十善、是身三業。口四業。意三業。身三業、就是身體上造出來的三種業。口四業、就是口上造出來的四種業。意三業、就是意思裏頭造出來的三種業。身三業、第一是殺業。不要說殺人了。就是最小的蚊蟲蒼蠅。也一樣的性命。都不可以殺的。不喫素的人。這殺業就犯得多極了。第二是盜業。不要說強搶了。就是拿旁人的東西。你沒有告訴他。他沒有應許你。先就拿了。就算是盜。第三是婬業。不要說婬人家的妻女了。就是嫖了娼妓。也就犯了婬了。婦女同旁人家的男子。私底下往來。也一樣是犯婬業。口四業、第一是妄言。就是說假話。第二是兩舌。就是搬弄是非。第三是惡口。就是咒罵人。第四是綺語。就是說輕薄話。意三業、第一是貪。就是貪心不足。第二是瞋。就是動火發恨。第三是癡。就是心裏頭轉的念頭。不合正當的道理。并且不相信因果。【因果兩箇字、粗說起來、就是報應、下邊解釋彼佛何故號阿彌陀一句裏頭、會詳細講明白的、】不相信一箇人死了。他的靈性。仍舊不滅的道理。身三業。口四業．意三業．合併起來．成十業。犯了就是十惡業。戒了就是十善業。五戒同了十善．差不多的。第一是戒殺。第二是戒盜。第三是戒婬。第四是戒妄語。妄語一種．就包括兩舌、惡口、綺語、三種在裏頭了。第五是戒飲酒。因爲酒最容易迷人的心．一箇人喝醉了酒．就會做出種種不規矩的事情來的．所以也要戒的。這五戒若是不守住．就不敢保這箇人身．一定靠得住了。【凡在家的男子、受了五戒、叫做優婆塞、在家的女人、受了五戒、叫做優婆夷、】天道、人道、修羅道、畜生道、餓鬼道、地獄道、叫做六道。若是一箇人不修到西方極樂世界去．就總在這六道裏頭．出出進進．逃也逃不出。善的就生在天道、人道、阿修羅道、裏頭．叫做三善道。惡的就墮到畜生道、餓鬼道、地獄道、裏頭去．【墮字、是跌落下去的意思、】叫做三惡道。這一段解釋了許多。只有講羅漢的幾句．同了前邊的經文有關係。還有許多話．就同了經文沒有關係了。那末爲甚麼都要去講他呢。因爲佛法裏頭．這些大略的道理．也都應該要曉得一些的。所以一齊把他來大略說說。看了懂的．自然是最好。看了不明白．可以不去管他。○這兩句．是說同佛在一處的許多人．是怎麼樣的一等人。

長老舍利弗．摩訶目犍連．摩訶迦葉．摩訶迦旃延．摩訶俱絺羅．離婆多．周利槃陀伽．難陀．阿難陀．羅睺羅．憍梵波提．賓頭盧頗羅墮．迦留陀夷．摩訶劫賓那．薄拘羅．阿㝹樓馱．

【解】就是道行高．出家的年數多的、舍利弗等十六位。

【釋】長字、是說道行高．老字、是說出家的年數多。長老兩箇字、不獨是稱舍利弗一位。從舍利弗起至阿㝹樓馱．總共十六位．都是道行高的。還有出家的年數多的．所以都稱他們做長老。但是道行高同了出家的年數多．兩種裏頭．有了一種．也就可以稱長老的。舍利弗、就是舍利子。在佛的許多弟子裏頭．要算智慧最高。【智慧同了聰明、雖然差不多、但是究竟不同的、聰明可以用在正路上、也可以用在邪路上、智慧是能彀分明白邪正的道理的、】所以稱他智慧第一。目犍連、就是目連．神通最大。所以稱他神通第一。摩訶迦葉、專門苦修的。佛哀憐他年紀老了．勸他休息．他仍舊苦修。所以稱他頭陀第一。【頭陀、是梵語、有除去、同洗淨的意思、總共有十二種刻苦修行的規矩、都是出家人學的、大概都是除去種種煩惱、洗淨心思的方法、】摩訶迦旃延、同旁人講起道理來．能殼使得大家相信他、佩服他的說法。所以稱他論議第一。摩訶俱絺羅、口才最好．隨便問他甚麼．都能殼回答的。所以稱他答問第一。離婆多、他的心很正的．沒有一些顛倒的念頭。又是很定的．沒有一些散亂的念頭。所以稱他無倒亂第一。周利槃陀伽、他的根機．是很鈍的。【鈍、就是沒有智慧、】佛教了他兩句偈．【偈字、是梵語、就是中國的一箇頌字、是稱頌、頌揚的意思、佛經裏頭、凡是句子有長短的、叫做長文、句子的字數多少一樣的、叫做偈、也叫做頌、有每一句三箇字的、有每一句四箇字、五箇字、六箇字、七箇字的、各樣的偈、同我們中國的詩、差不多的】就一心一意的讀這兩句偈．想這兩句的道理．後來竟然就明白一切的佛法了。所以稱他義持第一。【義字、就是道理、持字、是守牢的意思、】難陀、是佛的同胞弟。最講究禮節．並且相貌也好。所以稱他儀容第一。【儀字、就是禮節、容字、就是相貌、】阿難陀、是佛的堂弟。就是編集這部阿彌陀經的．他做佛的侍者．【近身服侍的人、叫做侍者、】做了二十五年。佛每次說法．他總是聽到的．並且佛從前所說的法．他沒有聽著的佛也重新同他說過一徧。他所聽的佛法．就比了大衆、格外多了。所以稱他多聞第一。羅睺羅、是佛的太子。他的功行．祕密得很．只有佛知道他。所以稱他密行第一。憍梵波提、因爲他過去千萬世的時候．嘲笑了出家人．所以經過許多劫數的時代．墮落在畜生道裏頭做牛。後來報應滿了．做了人．喫起東西來．還像牛倒噍的樣子。【噍字的解釋、是齩嚼、大凡牛喫東西、喫過後、往往停了一刻、再吐到嘴裏齩嚼一回、就叫做倒噍、這位羅漢、有這種樣的形相、】佛恐怕旁人看見了．要嘲笑他．就造成輕慢聖人的罪了．所以教他長在天上、受天上人的供養。所以稱他受天供養第一。賓頭盧頗羅墮、佛吩咐他長久住在世界上．受這末法時代的供養。【從釋迦牟尼佛成佛的時候算起、叫做正法的時代、總共是一千年、過了這一千年、叫像法的時代、總共也是一千年、又過了這一千年、叫末法的時代、總共是一萬年、現在正是在末法的時代、已經過了九百五十多年了、】所以稱他福田第一。【福田、是說修了功德、一定能彀受著享福的報應、同下了種子在田裏頭、一定得著收成、一樣的意思、】迦留陀夷、是佛常常差他出去教化人的。【教字、是教導的意思、化字、是勸化的意思、】所以稱他教化第一。摩訶劫賓那、懂得天文的。所以稱他知星宿第一。薄拘羅因爲他從前周濟過一箇有病的出家人。並且還能彀守不殺生的戒。有了這兩種功德．就世世做人．都是長壽的。所以稱他壽命第一。阿㝹樓馱也是佛的堂弟。因爲眼睛瞎了．佛教他修一種定心的法子．就得到了天眼通。【天眼通、下邊解釋其土眾生、常以淸旦一節裏頭、會說明白的、】比了旁人的天眼．更加特別。所以稱他天眼第一。照這部經裏頭說．同佛在一塊兒的羅漢．有一千二百五十人的多。若是把他們的名字．一位一位都提出來．那就煩得了不得了。所以只把這道行最高．出家年數最多．並且各有一樣特別好處的十六位．提出來．做箇榜樣的。○這一段是說一千二百五十人．都是大羅漢。大羅漢裏頭．有某某等這幾位。

如是等諸大弟子。

【解】有這樣的許多大弟子。

【釋】諸字、是許多的意思。舍利弗等一千二百五十人．都是佛的弟子。並且已經都成了羅漢、的所以稱他們做大弟子、○這一句、是說這許多的大比丘、都不是平常的出家人。

幷諸菩薩摩訶薩、

【解】還有許多大菩薩。

【釋】菩薩摩訶薩、是梵語。若是完全說起來、應該說菩提薩埵、摩訶菩提薩埵。菩提、是覺悟的意思。【覺就是不迷、悟就是醒悟、】又有使得旁人醒悟的意思。薩埵、是眾生的意思。摩訶、是大的意思。就是能彀把佛法來化導眾生、使得眾生能彀明白眞實的道理。並且是大大的化導、要一切眾生都成功佛、菩薩摩訶薩五箇字、併起來說、就是這樣的意思。若是照字眼講起來、就是大菩薩三箇字。○這一句、是說不獨是有一千二百五十位大羅漢、並且還有許多大菩薩哩。

文殊師利法王子、阿逸多菩薩、乾陀訶提菩薩、常精進菩薩、

【解】就是文殊師利法王子等、各位大菩薩。

【釋】這是四位大菩薩的名字。文殊師利法王子、就是文殊菩薩。在許多菩薩裏頭、智慧

最高。所以把他的名字．排在各位大菩薩裏頭的第一位。同了把舍利弗排在許多羅漢裏頭的第一位．是一樣的意思。阿逸多菩薩、就是彌勒菩薩。現在各處寺院裏．山門口的一尊開了口笑的菩薩．就是他的形像。但是要曉得這一尊像．是唐朝時候．一位布袋和尙的像。因爲這位和尙是彌勒菩薩現出來的化身。【化身、就是化現出來的身體、像釋迦牟尼佛、本來是已經成了佛的、他的法身、一些沒有變動、那投生做太子的身體、就是釋迦牟尼佛的化身、大略說起來、化身同了應身、是差不多的、不過應身只有佛能彀有、化身就菩薩以下都有的了、】所以塑這樣的像．要人家曉得菩薩常常在世界上顯現的道理。若是講到彌勒菩薩的本像．那就同了文殊菩薩、普賢菩薩、一樣的。從釋迦牟尼佛成佛後．將來第一箇成佛的．就是現在經上的這位阿逸多菩薩。將來就稱做彌勒佛。他的心。最是慈悲的。乾陀訶提菩薩、就是不休息菩薩。因爲他不曉得經過了幾千萬萬年．一直修行．從來不休息的。所以得了這箇名字。常精進菩薩、照大寶積經裏頭說．【大寶積經、是一部經的名目、】這位菩薩．爲了一箇眾生．不曉得費了多少的年代、去勸化他．還是不肯受勸。那菩薩卻仍舊跟著他．用種種的方法教化他．沒有一些厭倦心的。所以稱他叫常精進。佛說法的時候．來聽法的菩薩．也多得很。若是把他們的名字．一位一位都提出來．也太煩了．所以揀幾位提出來。但是爲甚麼提出他們這四位呢．那是有一箇道理的。因爲修這箇生到西方極樂世界去的方法．必定要有信、願、行、三種的心．【信、是相信、願、是情願、行、是照了修行的方法修、下邊解釋衆生聞者、應當發願一節裏頭、會詳細說明白的、○行、讀做恨音、凡是作修行解釋的、都讀做恨音、】方才能彀成功。若是沒有大智慧的人．就不能彀發起眞實的信心來。沒有大慈悲的心．就不能彀發起度脫一切衆生的願心來。倘然不發度脫衆生的這箇大願心．那就同了阿彌陀佛的願心．不能彀相應了。那末就是願意生到西方極樂世界去．恐怕也不能彀成功了。有了這信心、願心．還要切切實實的念佛．不可以一天不念。若是今天念了．明天不念．那也是不會成功的。並且要把念佛求生到西方極樂世界的念頭．時時刻刻．放在心上。不可以念過了佛．就把這箇念頭拋開的。所以必定要學那文殊菩薩的眞智慧．發起信心來。學那彌勒菩薩的大慈悲發起願心來再學那不休息、常精進、二位菩薩修行的樣子。一心一意的念佛才能彀成功。這裏特爲提出他們四位來就是給修行人做一箇榜樣的意思。○這一段是說大菩薩裏邊有某某等這幾位。

與如是等諸大菩薩。

【解】同了這樣許多的大菩薩。

【釋】這一句是說還不止上邊所說的四位大菩薩。

及釋提桓因等無量諸天大眾俱。

【解】還有釋提桓因等許多天上的人同了各種的人都在一塊兒。

【釋】及字、也是同了的意思。釋提桓因、就是道教裏頭所說的玉皇大帝。實在就是第二層天上的天帝。我們頭上一直上去總共有二十八層天。第一層天、叫四天王天。在須彌山山腰的四周圍。各有一位天王。東天王、名叫持國天王。南天王、名叫增長天王。西天王、名叫廣目天王。北天王、名叫多聞天王。這四天王天、因爲在須彌山山腰的四周圍、所以蓋不到我們這箇世界的。第二層天。叫忉利天。在須彌山的頂上。就是我們頭頂上的天。這一層天的天王。就是釋提桓因。也叫帝釋。佛經上說過的。他從前在迦葉佛的時候。【迦葉佛在甚麼時候、下邊解釋其中都有一生補處一句裏頭、會說明白的、】是一箇平常的女人。他因爲看見迦葉佛入了涅槃。就發一箇大願心。要造一座塔來供養迦葉佛。在那箇時候。還有三十二箇女人。幫助他造塔。就成功了這箇大願心。靠了這種善業。他就做了忉利天王。忉利天的四邊。東、南、西、北。每方各有八天。總共有三十二天。各天的天王。就是那三十二箇女人做的。但是這三十二天。都歸釋提桓因管的。可見得造塔造廟的功德。是大得了不得的。所以有這樣大的好報應。再上去的天。叫夜摩天。兜率天。化樂天。他化自在天。從我們這箇世界下邊的最下一層地獄。叫阿鼻地獄起。【阿鼻地獄的阿字、是梵語、就是中國的無字、鼻字、就是中國的間字、所以又叫無間地獄、就是常常不停歇的受苦、沒有一些間斷的時候、地獄的種類很多、這阿鼻地獄、是最苦的、犯罪最重的、就要墮到阿鼻地獄裏頭去的、】向上經過我們的這箇世界、一直到他化自在天。總共六層天、都叫做欲界。因爲生在這裏頭的人、都有男女情慾的、所以叫做欲界。從欲界六天再上去、叫做四禪天、就是色界。總共有十八層天。叫梵衆天、梵輔天、大梵天、這三層天、叫做初禪三天。再上去、有少光天、無量光天、光音天、這三層天、叫做二禪三天。少淨天、無量淨天、徧淨天、這三層天、叫做三禪三天。福生天、福愛天、廣果天、無想天、無煩天、無熱天、善見天、善現天、色究竟天、這九層天、叫做四禪九天。凡是生到這十八層天上去的人、都沒有婬慾了。並且只有男人、沒有女人的。不過那些人的身體、都還是有形狀顏色、可以看得見的色身。【色身、就是有形狀顏色、可以看見的身體、】所以這十八層天、叫做色界。從這箇色界再上去、又有四層天。叫做空無邊處天、識無邊處天、無所有處天、非想非非想處天。住在這四層天上的人、連色身都看不見了、所以叫做無色界。總共二十八天、都叫做天道。佛經裏頭常常說的三界、就是這欲界、色界、無色界。無量兩箇字、是很多很多的意思。諸字、是許多的意思。因爲天多得很、不但是一直上去的二十八天、同了忉利天四面的三十二天、所以叫諸天。大衆兩箇字、不獨是說天上的許多人。並且包括阿修羅。同了旁的世界的各種人。還有龍王等。種種都在裏頭。俱字、就是在一塊兒的意思。○這兩句。是說不獨是大羅漢、大菩薩。還有好許多天上的人。各方世界上的人。同了龍王等。都在那裏聽佛說法。

爾時佛告長老舍利弗。

【解】在那箇時候。佛告訴長老舍利弗道。

【釋】爾時兩箇字。是那箇時候的意思。就是佛說法的時候。佛向來說法。都是先有人問了再說的。獨有這部阿彌陀經。沒有人問。自己先說的。這是因爲佛看見我們這箇世界上的人。造業造得太多了。受苦也受得太深了。哀憐我們世界上人的心思太悲切了。急急要人曉得。有這麼一箇好地方。有這麼一箇好方法。可以使得我們這箇世界上的人。不要再受種種的苦。所以等不得有人問。就先說了。但是這種很深很妙的方法。若然不是眞正有智慧的人。恐怕聽了。心裏頭不免要有些疑惑。倘然有了一些些疑惑心。那就不能殼發起願心來。照了這樣的方法。切切實實去修行了。要曉得天下的事情。都是靠了這箇切實的信心。做成功的。何況修佛法呢。舍利弗在佛的弟子裏頭。是第一箇有智慧的人。對了佛說的這種道理。容易明白些。所以佛叫了他的名字。同他說。雖然像是只同舍利弗一箇人說。實在是同大眾說的。並且佛說的時候。凡是在那裏的大眾。沒有一箇不聽得的。他們看見舍利弗這樣有智慧的人。聽了佛說這種方法。一些些沒有疑惑。大家就知道這箇方法。斷斷乎沒有可以疑惑的地方。都應該要發起信心、願心、來了。佛所以特地叫舍利弗的意思。就是要大眾發起信願心來。這層道理。不可以不明白的。○

從這一句起。下邊都是佛說的話了。

從是西方、過十萬億佛土有世界、名曰極樂。

【解】從我們這箇世界。一直向西方去。經過十萬億箇佛的世界。那箇地方。另外有一箇世界。叫做極樂世界。

【釋】上邊的許多話。都是阿難編集這部經的時候。說明白佛說法的時候。種種的情形。從這裏起。都是佛所說的話了。從是的是字。就是指我們這箇世界。我們這箇世界。叫娑婆世界。娑婆兩箇字．是梵語．是會忍耐的意思。就是說我們這箇世界上的人．會忍耐受這樣的苦。現在我們所住的地方．叫做南贍部洲．在須彌山的南邊。須彌山的四周圍．總共有四箇洲。東邊的叫東勝神洲．也叫弗娑提。南邊的就是我們這箇南贍部洲．也叫閻浮提。西邊的叫西牛賀洲．也叫瞿陀尼。北邊的叫北俱盧洲．也叫鬱單越。億字、就是一千萬。【億有十萬、百萬、千萬、萬萬、四種的說法、華嚴經裏頭、所說的億、都是在百萬的後、可見得億的數目、必定比較百萬還大、金光明經說、一箇大千世界、有百億日月、百億須彌山、合算起來、億字就是作一千萬、這部阿彌陀經裏頭所說的億、不可以照十萬算的、因爲紀大數目、必定是用大的紀數的、靈峯蕅益大師的彌陀要解裏頭、就說這億是一千萬、大師的註解、一定是有根據的、】佛土．就是佛所住的、所教化的世界。一箇佛土．是一箇三千大千世界。甚麼叫做三千大千世界呢。每一箇世界．照直裏講起來．從地獄起．一直向上到大梵天。在這箇裏頭．有一箇日．一箇月．一座須彌山。日同了月．都在須彌山的山腰周圍行的。照橫裏講起來。在須彌山外邊．有香水海。再外邊、有七金山。每一座金山．

隔一道香水海。總共有七道香水海．七座金山．那須彌山．都是四種寶貝合成功的。【四種寶貝、下邊解釋皆是四寶周帀圍繞一句裏頭、會說明白的、】不像我們現在所看見的山．是泥土同了石、合成功的。須彌山在水底下．有八萬由旬。【每一箇由旬、有四十里、】在水面上．也有八萬由旬。第一座金山．比須彌山一半的高。第二座．比第一座一半的高。每向外一座．高就減少一半。第七座金山的外邊．有一道鹹水海。上邊所說的東、南、西、北、四箇洲．就在這鹹水海的上面。鹹水海外邊．就是鐵圍山。這樣許多的天．許多的山．許多的海．算是一箇世界。這樣的一千箇世界．叫一箇小千世界。一千箇小千世界．叫一箇中千世界。一千箇中千世界．叫一箇大千世界。也就叫做一箇佛土。因爲裏頭有小千、中千、大千、三箇千的數目．所以叫三千大千世界。並不是一箇佛土裏頭．有三千箇大千世界．不要解釋差了。過十萬億佛土．就是從我們這箇世界起．一直向西過去．經過一萬萬萬箇三千大千世界．便到極樂世界了。○這兩句．是說西方極樂世界．在甚麼地方。

其土有佛、號阿彌陀．今現在說法。

【解】那箇西方極樂世界裏頭、有一尊佛、名叫阿彌陀佛。現在正在那裏演說佛法。

【釋】阿彌陀佛、是西方極樂世界的教主。【教主兩箇字、在下一節裏頭、會說明白的、】所以永遠在西方極樂世界的。並且永遠在西方極樂世界說法的。釋迦牟尼佛出世的時候、阿彌陀佛已經在那裏說法了。現在也仍舊在那裏說法。就是再過無窮無盡的年代、也還在那裏說法。這是阿彌陀佛、同了別箇世界上的佛、特別不同的情形。生到西方極樂世界去、眞實的好處、實在就在這一層道理上。因爲常常可以聽到阿彌陀佛的說法、永遠不會停歇的、所以能彀容易修成功。○這三句、是說西方極樂世界、有甚麼佛在那裏、在那裏做甚麼事。

舍利弗、彼土何故名爲極樂。其國衆生、無有衆苦、但受諸樂、故名極樂。

【解】佛又叫舍利弗道。那箇世界、爲甚麼叫他做極樂世界呢？。因爲生在那箇世界裏頭的許多人、沒有種種的苦惱、只有享種種的快樂。所以叫做極樂世界。

【釋】這部阿彌陀經裏頭除了舍衞國的國字所有旁處的國字都是作一箇大千世界解釋的。因爲一箇大千世界就有一尊佛做教主。凡是這一尊佛所教化的一箇大千世界就像一箇王管理一箇國。所以這一尊佛就稱做教主這一箇大千世界也就稱做國。若是照我們現在所稱做國的講起來單是一箇南贍部洲就已經有許多的大國小國。那是一箇大千世界裏頭要有無窮無盡的國了。但是這種國都是人的國不是佛的國。下邊的解釋裏頭凡是講到國字的地方都是說佛國的就是一箇大千世界這裏的其國眾生的國字是指西方極樂世界說的。阿彌陀佛是教化西方極樂世界一切眾生的。所以阿彌陀佛是西方極樂世界的教主釋迦牟尼佛是教化我們這箇娑婆世界一切眾生的所以釋迦牟尼佛是我們這箇娑婆世界的教主眾生兩箇字除了佛都可以叫的。菩薩、緣覺聲聞、天道、人道、阿修羅道、畜生道、餓鬼道、地獄道都是眾生。但是這種說法是普通的說法。這部經裏頭所說的其國眾生雖然也有天道、人道、二種在裏頭。但是已經都成了菩薩、聲聞、的聖人的了。決定沒有凡夫在那裏的。何況阿修羅、畜生、餓鬼、地獄、四種惡趣麽。【阿修羅道、善惡夾雜的、所以有的時候、同了天道、人道、叫做三善道、有的時候、同了畜生、餓鬼、地獄、叫做四惡趣、惡趣兩箇字、同惡道差不多的意思、】衆苦兩箇字、有許多說法。有三苦、十苦、一百十苦、種種的分別。最普通說的、有八種苦。那是我們這箇世界上的人、無論你富的貴的、都免不了的。第一種苦、叫生苦。就是一箇人在娘肚裏的時候、氣悶得了不得。娘喫些熱的東西下去、就像在火山旁邊一樣的熱。娘喫些冷的東西下去、就像在冰山旁邊一樣的冷。娘喫得飽了、又像有一座山壓下來一樣的重。等到要生下地的時候、像是有兩座山、把他夾住了、硬在這兩座山中間鑽出來、那些痛苦、都是說不盡的。所以小兒生下來、總是哭的、就是這箇緣故。第二種苦、叫老苦。就是人到了老的時候、苦惱得很。要看甚麽東西、眼光看不明白了。要聽甚麽說話、耳朶聽不清楚了。要喫甚麽東西、牙齒脫落了、齩不動了。要走到甚麽地方去玩玩、腳又沒有力了、走不動了。冷起來、格外的怕冷。熱起來、格外的怕熱。交甚麽節氣的時候、又要覺得腰痠背痛了。這種苦、那裏說得盡呢。第三種苦、叫病苦。生病是最公道的、那怕你富的貴的人、病起來。同了貧的賤的人一樣的。要喫、喫不下。要睡、睡不著。要走、走不動。肚裏頭種種的難過。渾身種種的不舒服。還要喫許多極苦的湯藥。厲害的病。還要覺得痛得不得了。一日到夜。叫天叫地。到了這箇時候。甚麼人能代替他呢。有一句俗語說得好。叫英雄獨怕病來磨。這是眞叫有法沒用處的了。第四種苦叫死苦。一箇人到死的時候。伸手牽脚。扮鬼臉。看他種種的樣子。就曉得這種苦。實在是不容易受的。要說話。舌根硬了。不好說了。或是神志不淸楚了。或是人雖然淸楚的。喉嚨裏被痰塞住了。說不出來了。要透氣。氣又逆了。透不轉來了。渾身痛苦。四肢百節。處處像是硬把他拆開來一樣的。要死又偏偏氣不肯斷。死不下去。看了自己家裏頭的人。眞是心痛難熬。這樣種種的苦。可惜人死了不會說話。所以人都不很曉得。第五種苦叫愛別離苦。就是極恩愛的夫妻兒女。天天在一塊兒。不肯離開一步的。或是爲了求衣求食。要出門去了。或是碰到了刀、兵、水、旱、各種災難。只得硬了心腸。各走各的路。那一種難分難捨的苦處。眞是說不出。描不來的。又像要死的時候。那是不獨是恩愛情重的人。要分別開了。就是平時最愛的東西。那一樣不要同他分開呢。所以人到了臨死的時候．往往流下眼淚來．都是因爲捨不得丟開的緣故。第六種苦叫怨憎會苦．就是一箇人總有大家不要好的人．或是向來有怨仇的人。要來壞我的名譽．或是要來謀我的財產．或是要來傷我的性命。盼不得大家避避開．不要見面．那裏知道又偏偏常要會著．逃也逃不過．會著了就會生出種種的煩惱來。這種事情．我們這箇世界上也很多的。第七種苦．叫求不得苦．就是要東不得東．要西不得西。譬如想要一件東西．或是盼望成功一件事情．或是要到一箇地方去．或是要看見一箇要好的人．偏偏都做不到．種種不能彀稱我的心。這種情形．那怕你有錢有勢的人．也很多的．那裏都能彀樣樣稱心呢。第八種苦．叫五陰熾盛苦。【五陰、也有叫做五蘊的、字眼儘管不同、意思是一樣的、】這是受苦的根因。爲有這一種苦的根．所以就生出那前七種的苦來。甚麼叫五陰熾盛呢。這箇陰字．就是遮蓋的意思。有五種事情．遮蓋了人本來有的靈性。弄得人的心裏頭．迷迷糊糊．造出種種的業來．受不盡的種種苦惱。所以叫他做五陰。那五種陰．第一種叫色。就是我們的身體．同了那種種有形像可以見得到的東西．都包括在色裏頭的。第二種叫受。就是一箇人所受著的種種苦的、樂的、境界。第三種叫想。就是心裏頭常常轉著的種種好的、壞的、亂念頭。第四種叫行。就是心裏頭所轉的亂念頭．一箇過去了．一箇又起來了．接連著沒有停歇的意思。第五種叫識。就是分別那種種東西．種種境界．這樣好、那樣壞的心。【這五陰裏頭的識、實在同那十二因緣裏頭的識、差不多的、】因爲有了這種五陰．使得一箇人迷迷惑惑顚顚倒倒．不明不白．就自然而然、不知不覺的．生起那貪、瞋、癡、三種壞心來了。起了這三種壞心．又倒轉來著牢在這箇五陰上邊。像火碰著了乾柴一樣．就會烈烈烘烘的燒起來了。這熾盛兩箇字．本來是火勢旺得厲害的意思。現在把他來比喻這五陰的迷惑人．像乾柴引火一樣．容易造出業來。這一世裏造了業．到了下一世．又要受前邊所說七種苦的報應。所以這八種苦．是循環報應．牽連不斷的。諸樂兩箇字．是說種種的快樂。因爲生到極樂世界去的人．不是從父母胞胎裏頭生出來的。是從蓮華裏頭變化生出來的．自然生苦沒有了。那箇地方沒有春、夏、秋、冬．永遠溫和．不會改變的。所以人也不會老．就沒有老苦了。蓮華裏生出來的身體．

不是血肉的身體。所以沒有病苦。生到極樂世界去的人。就壽命無窮無盡。那末死苦也自然沒有了。人都是從蓮華裏頭生出來的。又是只有男子。沒有婦女。所以都沒有父母妻子的。那裏還有愛別離苦呢。住在一塊兒的。都是菩薩、羅漢、上等的善人。那裏還有怨憎會苦呢。要食、食自然會來。要衣、衣自然會來。要甚麼、有甚麼。求不得苦也自然沒有了。心思都是很清淨的。所看見的。聽到的。都是叫人生出念佛的心來。那裏還會有五陰熾盛的苦呢。這樣種種的苦。都沒有。自然只覺得快樂了。況且還有下邊所說的種種地方。種種東西。都是寶貝珍奇的。供給那些人享受。還不是很多的快樂麼。像這樣的快樂。自然應該叫極樂了。〇這一段是說生到了西方極樂世界去。就沒有苦惱。只有快樂。

又、舍利弗。極樂國土。七重欄楯。七重羅網。七重行樹。皆是四寶。周帀圍繞。

【解】佛又叫舍利弗道。西方極樂世界。有一排一排的欄杆。總共有七重。一層一層的網絡。也有七重。還有一行一行的樹林。也總共有七重。這許多的欄杆、網絡、樹林。都是四種寶貝成功的。並且那四種寶貝成功的一重一重的欄杆．把一重一重的樹林四面圍起來。那四種寶貝成功的一重一重的網絡．也把一重一重的樹林．遮蓋起來。好看得很。

【釋】欄、是橫的欄杆。楯、是直的欄杆。行樹兩箇字．是說那些樹林．都是一行一行．很整齊的意思。就是樹上的枝葉華果．都是枝對枝．葉對葉．華對華．果對果．整整齊齊．一些不雜亂的。所說七重欄楯．七重羅網．七重行樹。是一重欄杆圍繞一行樹林．一重網絡．遮蓋一重樹林．一重隔一重．總共有七重。都是排列得很整齊的。四寶、就是下邊所說的金、銀、琉璃、玻瓈、四種東西。琉璃、是一種青色的寶石。玻瓈、有些像水晶的．一種寶貝．並不是我們現在所用的玻璃。欄杆、也不像我們這箇世界上．是木做的。網絡、也不像我們這箇世界上．是線結的。那都是四種寶貝成功的。並且那些網絡．雖然是四種寶貝成功的．但是很軟的．像棉一樣的．不像我們世界上的金、銀、寶石、都是很堅硬的。樹林高的．有八千由旬。有些樹．完全是金的．或是銀的．或是琉璃的．或是玻瓈的。有些樹．樹身是金的．枝葉是銀的。有些樹．樹身是銀的．枝葉是琉璃的．華果是玻瓈的。有些樹．樹身是琉璃的．枝葉是玻瓈、的華果是金銀的。各色各樣、種種的不同。各種的寶貝、還都會放出各種的光來。好看得很。在這些網絡中間、還有比了天宮、更加好看的宮殿、現出來。樹上邊的華裏頭、把這箇極樂世界、所有種種的景象、同了佛的種種敎導衆生、菩薩等種種修行的情形、都會清清楚楚現出來的。那種種的好看、那裏形容得盡、講論得完呢。不獨是我們這箇世界上、斷斷不會有的。並且我們這些人的心思裏頭、也斷斷料想不到的。〇這一段、是說西方極樂世界、地面上的種種好處。

是故彼國名爲極樂。

【解】所以那西方的世界、叫做極樂世界。

【釋】這是總結一句。再說明白西方那箇世界、所以叫他極樂世界的緣故。

又、舍利弗、極樂國土、有七寶池、八功德水、充滿其中。池底、純以金沙布地。

【解】佛又叫舍利弗道。西方極樂世界、不但是地面上、有像上邊所說的種種好處、還有七種寶貝成功的水池哩。池裏頭有八種功德的水．很滿很滿的。池的底下．完全是金子的沙鋪滿的。不像我們這箇世界上的池．底下都是泥沙的。

【釋】池的四邊．也不是磚石砌的．底下也不是泥沙的．都是像下邊所說的金、銀、琉璃、玻瓈、硨磲、赤珠、瑪瑙、七種寶貝成功的。所以叫七寶池。硨磲、有些像白玉．有一條一條的紋路．像車輪的渠。【渠、本來就是小溝、車渠就是車輪在地上滾過的印子、像溝渠一樣的、】赤珠、是紅色的珠。瑪瑙、也是一種寶．形色像馬的腦子。這種池．也像上邊所說的樹林一樣的。有完全是金的。有底是金的．四邊是銀的。有底是金銀的．四邊是玻璃的。有底是琉璃、玻瓈的．四邊是硨磲、赤珠、瑪瑙的。有底是琉璃、硨磲、瑪瑙的．四邊是金、銀、赤珠、玻瓈的。也是各色各樣．都不相同的。這種寶貝．也都是可硬可軟的。這種池．在西方極樂世界．是很多的。並且還是很大的．或是十由旬大．或是二十、三十由旬．直至一百、一千由旬大．差不多要像海一樣大了。生在那西方極樂世界的人．可以隨便在這些池裏頭洗澡的。並且池裏頭的水．要他熱些．就會熱些。要他冷些．就會冷些。要多些．就會多些。要少些。就會少些。只要一動念頭。就會隨了你的念頭。使得你喜歡稱心的。八功德、第一是澄淨。就是澄清潔淨。沒有一些激沖污穢的。第二是清冷。就是清淨涼冷。沒有一些昏濁煩燥的。第三是甘美。就是水的味道。覺得另有一種甜味。很好喝的。第四是輕軟。就是水的性質。是輕浮柔軟的。我們這箇世界上的水。只會向下流。這種水。還會向上流的。第五是潤澤。就是滋潤滑澤。能彀有益人的身心的。第六是安和。就是安寧和平。沒有很大很急的波浪的。所以在這水裏頭洗澡。是很安穩舒服的。第七是除患。就是喝了這種水。不但是除去渴。並且還可以除去餓的。第八是增益。就是喝了這種水。或是在這種水裏頭洗了澡。可以加增人的善根。使得人人身體安樂。心思清淨。有這樣八種的好處。所以叫他做八功德水。並且池裏頭的這種水。永遠是滿的。永遠不會乾枯的。池底下沒有一些泥土的。都是金沙鋪滿的。○這一段。是說西方極樂世界池裏頭水的種種好處。

四邊階道。金、銀、琉璃、玻瓈、合成。上有樓閣。亦以金、銀、琉璃、玻瓈、硨磲、赤珠、瑪瑙、而嚴飾之。

【解】池的四邊。有階沿。有道路。都是金、銀、琉璃、玻瓈、四種寶貝。合起來成功的。上面虛空裏頭。有樓有閣。也都是金、銀、琉璃、玻瓈、硨磲、赤珠、瑪瑙、七種寶貝。齊齊整整。裝飾得很好看的。

【釋】池的四邊。有階沿道路。虛空裏頭。有樓閣。都是各種寶貝合成功的。可見得西方極樂世界。無論在水裏頭。地面上。虛空裏。所有的東西。都不像我們這箇世界上的東西。都是泥土的。或是板木的。磚石的。並且這些階沿、道路、樓閣。也像前邊樹林一樣的。或是一種寶貝成功的。或是二種、三種、四五六七種、寶貝合成功的。都是齊整得很。若是生在那西方極樂世界的衆生。道行高。功德大的。那末他們的樓閣。就會浮在虛空裏頭。隨了他們的意思。要高就高。要低就低。要大就大。要小就小。不會落下來的。這種樣的稀奇事情。我們這箇世界上。做夢也夢不到哩。〇這一段。是說階道樓閣的好處。

池中蓮華。大如車輪。青色青光。黃色黃光。赤色赤光。白色白光。微妙香潔。

【解】池裏頭的蓮華、都是很大的、有車輪盤一樣的大。青色的蓮華、會放出青色的光來。黃色的蓮華、會放出黃色的光來。紅色的蓮華、會放出紅色的光來。白色的蓮華、會放出白色的光來。並且這種蓮華、都是很好、很香、很潔淨的。

【釋】蓮華在我們這箇世界上、本來也算是一種最清潔的華。講到西方極樂世界的蓮華、那是更加稀奇了。所說同車輪盤一樣的大、要曉得不是我們現在所看見的各種車輪。照觀無量壽佛經上說起來、【觀無量壽佛經、是說觀想的方法的、就是用心想念西方極樂世界的種種景象、同了阿彌陀佛、觀世音菩薩、大勢至菩薩的身相、還有九品往生的各種情形、心裏要想得清清楚楚、好像是眼睛裏看見的一樣、這叫做觀想。〇九品往生、下邊會詳細講明白的、】西方極樂世界池裏頭的蓮華、團團圓圓、有十二由旬大。那就是一朵華、有四百八十里的大了。照無量壽經上說起來、【無量壽經、也叫阿彌陀經、是說阿彌陀佛在做菩薩修行的時候、發各種大願心、修種種的功德、莊嚴成功這一箇極樂世界、後來成了佛、就照自己的願心、接引十方世界念佛的眾生、都生到他的極樂世界去的經名、〇莊嚴兩箇字、很不容易用白話來解釋、大概莊字、是端正的意思、嚴字、是整齊恭敬的意思、端正自己的心、恭敬佛說的法、所以叫做莊嚴、若是照平常的解釋、差不多有裝飾整齊的意思、】西方極樂世界池裏頭的蓮華大小很是不同的。有的是一由旬大．有的竟然有一百由旬．或是一千由旬的大。可見得所說的大如車輪．不是像我們現在所看見的車輪了。照華嚴疏鈔裏頭的說法．【華嚴疏鈔、是一種解釋華嚴經的書名、】金輪王的車輪．就有一由旬大。【金輪王、也是人世界上的國王、不過他有大得了不得的威權勢力、能彀統管這東、南、西、北、四洲的、還有銀輪王、能彀管三洲、銅輪王、能彀管二洲、鐵輪王、能彀管一洲、就是管我們這南瞻部洲、這四種輪王、現在都沒有了、因爲現在是減劫的時候、所以沒有這樣有威權勢力的輪王、〇減劫、是人的壽命一歲一歲減少的時代、下邊解釋無量無邊阿僧祇劫一句裏頭、會詳細說明白的、】所以這車輪的大小．實在不能彀說一定的。看了觀無量壽佛經．同了無量壽經所說蓮華的大小．就可以曉得這車輪的大小了。一朶蓮華．有幾百幾千億的華瓣．也都是七種寶貝成功的。有些華．一朶一種顏色．就放出一種顏色的光來。有些華．一朶就有無窮無盡種種的顏色．就放出無窮無盡種種的光來。並且每一種光裏頭．又會現出無窮無盡的佛來。這些佛．又各各講說種種的佛法．給他們自己世界裏頭的衆生聽。我們這箇世界上的人．若是有發心念佛的．那西方極樂世界的七寶池裏頭．就會生出一朶蓮華來的。有十箇人念佛．就會生出十朶蓮華來。有百千萬億箇人念佛．就會生出百千萬億朶蓮華來。念佛的人．越念越高興．越念越誠心．那末這朶蓮華．就會一天光明一天．一天鮮豔一天。到了這箇念佛的人．差不多要死的時候．阿彌陀佛同了觀世音菩薩．大勢至菩薩．就拿了這朶蓮華、來接引這箇人到西方極樂世界去。到了西方極樂世界．這箇念佛的人．就在這朶蓮華裏頭生出來了。一生出來．就同那些先在西方極樂世界的人一箇樣子了。不像我們這箇世界上的人．是爺娘生的．要慢慢的長大起來的。但是念佛的人．倘然起初念佛的心．是很勤懇切實的。念到後來．念佛的心．漸漸的退下來了．那末這朶蓮華．就會漸漸的乾枯了。發出來的光．也就會漸漸的不鮮明了。若是竟然不念佛了．那末這朶蓮華．也就會消滅沒有了。還有一層．生在這種蓮華裏頭的人．還有許多品級哩。大略說起來．有九品。叫上品上生．上品中生．上品下生．中品上生．中品中生．中品下生．下品上生．下品中生．下品下生。這是看念佛人功夫的淺深．道行的高下定的。功夫很深的．道行很高的．那末到了西方極樂世界去．就是上品上生。功夫不很深的．道行不很高的．品級也就漸漸的低下來了。上品上生的．一到西方極樂世界．那蓮華立刻就會開的．就可以看見佛．聽佛說法。若是下品下生的人．那蓮華開的日期．就很長久了。【蓮華開的期限、在下邊修行方法解釋第二種回向偈裏頭、會詳細說明白的、】所以我們修行人．總要多念佛．多做種種的善事．將來可以盼望到上品上生。微妙香潔的微字．細講起來．說頭很多的。大略說說．微字有微細的意思．因為這種蓮華．每一張華葉上．有八萬四千條的紋路．所以說他微細。還有精巧的意思．因為這種蓮華．都是寶貝成功的．所以說他精巧。妙字、就是好字的意思。香字、因為西方極樂世界的蓮華．是香得很的。潔字、就是潔淨的意思。○這一段．是說西方極樂世界蓮華的種種好處。

舍利弗。極樂國土成就如是功德莊嚴。

【解】佛又叫舍利弗道。西方極樂世界像上邊所說的欄楯、羅網、行樹、寶池、樓閣、蓮華、種種整齊得很的。裝飾得非常好看。都是阿彌陀佛的功德所成功的。

【釋】如是兩箇字。指上邊的欄楯、羅網、行樹、七寶池、八功德水、階道、樓閣、蓮華等。各種東西。阿彌陀佛發的四十八箇大願心裏頭。有一箇願說道。我若是成了佛。我的國裏頭。從地上起。一直到虛空裏頭。所有的宮殿、樓閣、池水、華樹、一切東西。都是無數的寶貝裝飾成功的。倘然不是這樣的。我就不願成佛。還有一箇願說道。我若是成了佛。凡是要生到我國裏來的衆生。都在七寶池裏邊的蓮華裏頭、生出來的。阿彌陀佛發了這樣各種的大願心後。就切切實實的修福修慧。修了不曉得幾千萬萬年。化導了無數的衆生。教他們大家發起修道的心來。因爲阿彌陀佛。積了這樣無窮無盡的大功德。才能穀成了佛。滿了起初發的大願心。所以說西方極樂世界種種的好處。都是阿彌陀佛的功德成功的。○這兩句。是總結上邊所說西方極樂世界種種的好處。所以成功的緣故。

又、舍利弗．彼佛國土、常作天樂。

【解】佛又叫舍利弗道。西方極樂世界．常常作天上邊很好聽的各種音樂。

【釋】常作兩箇字．就是常常作的．沒有停歇的。天樂兩箇字．是說這種音樂．非常的好聽。只有天上有的．不是我們人的世界上所能𣪍有的。並且這些音樂的器具．都是浮在虛空裏頭．不會落下來的。也不要人去吹．不要人去彈．自然而然會發出百千萬種．很好聽的聲音來的。念佛的人．臨終的時候．虛空裏頭．有天樂來迎接。就因爲西方極樂世界．本來常常有這種音樂的緣故○這兩句．是說西方極樂世界．有這樣好的音樂。

黃金爲地。

【解】地是黃金的．不是泥土的。

【釋】上面的天．常常有很好聽的音樂．下面的地．又全是黃金的．非常的淸淨。不像我們這箇世界、是泥土的地．很汚穢的。並且那種黃金．是很和軟的．不是堅硬的。地面雖然說是黃金的．卻還有各種的寶貝．鑲在裏頭．光亮得很。還有一種最好的情形．是西方極樂世界的地、又寬又大、又平又正。沒有高低的地方、也沒有黑暗的地方。不像我們這箇世界上的地、高的有山、低的有坑、高高低低、很不平的。並且還有刺人的荊棘。【有刺的小樹、】到了夜間、就很黑暗了。這是因爲我們這些人、都是貪心不足、不能彀平心、所以地也不平的。○這一句、是說西方極樂世界地的好處。

晝夜六時、雨天曼陀羅華。

【解】晝夜六時、就是佛經裏頭常常說的、初日分、中日分、後日分、【分字、讀做份字音、就是把日裏頭的時候、分做三份、初日分、就是早晨、中日分、就是中午、後日分、就是下晝、】初夜分、中夜分、後夜分。【把夜裏頭的時候、也分做三份、初夜分、就是黃昏、中夜分、就是半夜、後夜分、就是四五更天的時候、】也就是日間六箇時辰、夜間六箇時辰。天上常常不停歇的落華下來。這種華、叫曼陀羅華、很香很好看的。

【釋】西方極樂世界、沒有日的、也沒有月的。那裏的亮光、不是靠日月發出來的、是自然而然有的。所以不像我們這個世界、日出來了、就算是日間。日落下去了、就算是夜間。那西方極樂世界．是華開了．鳥飛了．就算是日間。華合了．鳥停止不飛了．就算是夜間的。晝字、就是日裏頭的意思。【日裏頭是三份時候、夜裏頭也是三份時候、不像我們中國的計算時候、一日一夜、總是分十二箇時辰的、佛經裏頭、分做六份、差不多每一份、要合著我們中國的兩箇時辰、】無論在甚麼時候．天上常常不停歇的落華下來。雨字、就是落的意思。曼陀羅、是華名。翻譯起中國文來．就是適意的意思。因爲人看見了這種華．心裏頭很快樂的。又因爲這種曼陀羅華．是天上落下來的．所以叫他做天曼陀羅華。這種華的香味．也是很稀奇的．不是我們人的世界上所有的。這些華．不消長久的時候．先落下來的．就化去了．沒有了。後落下來的．又徧地都是了。日裏頭三份時候．夜裏頭三份時候．常常落下來．就常常化去沒有了。還有一層．必須要曉得的。西方極樂世界．一晝一夜．要抵我們這箇世界上的一劫哩。〇這兩句．是說西方極樂世界．常常有很好的天華落下來。

其土衆生．常以淸旦．各以衣裓．盛衆妙華．供養他方十萬億佛．卽以

食時還到本國。

【解】生在西方極樂世界的眾生。常常在清早的時候．各人都把他們的衣襟．裝了許多很好的華．拿出去供養各方世界的許多佛。所供養的佛．有十萬億的多．他們清早去的．到喫飯的時候．已經回到自己本來住的西方極樂世界來了。

【釋】清旦、就是清早。衣裓、就是衣服的襟．有人說就是裝華的器具。他方、指西方極樂世界以外的各方世界。有一箇大千世界．就有一尊佛。現在說十萬億佛．就有十萬億箇大千世界。食時、就是喫飯的時候。從清早到喫飯時候．是很短的。十萬億箇佛土．路是很遠的。供養十萬億佛．佛又是很多的。他們怎麼會這樣的快．來得及回到本國極樂世界呢．這有一箇緣故的．仙人已經有五種神通了．已經很可以逍遙自在了。何況生到西方極樂世界去的人呢。自然他們的神通．比了仙人更加高得不能彀說了。有一句話．叫做五通仙人．六通羅漢。那六通．就是天眼通、天耳通、他心通、宿命通、神足通、漏盡通、六種。但是得到這樣各種神通的．都有大小的分別。獨有生到西方極樂世界去的人．靠了阿彌陀佛的願力．所以他們的神通．比了平常羅漢的神通．還要大。天眼通、是無論日間夜間．無論遠到幾千萬億里的路．幾千萬億的世界．無論有多少的大山隔著．沒有一些兒看不見的。就是極黑暗的地方．也可以清清楚楚．看得見的。不像我們這箇世界上的凡夫．有了一張紙．一道牆．遮隔斷了我們的眼光．或是到了夜間．或是沒有亮光的地方．就一些看不見了。天耳通、是無論遠到幾千萬億里路．幾千萬億世界．無論很輕很小的聲音．沒有聽不見的。連心裏頭起念頭的聲相．也都會聽見的。【聲相、是聲音的相貌、就是苦聲、樂聲、悲聲、歡聲、等種種不同的相、起念頭也有聲相、不會讀過佛經的人、聽見了這句話、一定是要疑惑的、要曉得世界上所有一切的相、完全是自己的心造出來的、所以都在心裏頭、沒有在心外面的、起念頭雖然說是妄心、實在也就是眞心的作用、一箇人不起念頭便罷、若是起了念頭、就不但是有聲音、並且也有色的、我說出一箇道理來、大家就可以明白了、譬如我們用心想一箇人的形狀、或是一處地方的景致、只要心裏頭記得清楚、那箇念頭一動、就彷彿在眼面前現出來、明明白白的看見了、這不是從念頭裏現出形色來的證據麼、再像我們念佛的人、靜坐了、心裏頭默念、耳朶裏就覺得清清楚楚的聽得這一句佛號聲音、這不是從念頭裏發出聲音來的證據麼、所以一箇人、不正當的念頭、萬萬不可以起的、起了念頭、佛菩薩就都會聽到的、〇妄心、就是虛的假的心、不是一箇人原有的眞實心、清淨心、作用、就是拿他來用的意思、】不像我們這箇世界上的凡夫、但不過能彀聽見極近地方的聲音、同了大一些的聲音、若是稍稍遠一些、或是輕一些、就聽不清楚了。他心通、是無論甚麼人心裏頭的念頭、沒有不曉得的。無論甚麼書、不消讀過看過、那書裏頭所說的種種事情、種種道理、都會曉得明白的。不識字的人、也自然都會識字了。不像我們這箇世界上的凡夫、旁人的念頭、無論父子夫妻、最是恩愛的人、也不會曉得的。宿命通、是無論自己的、旁人的事情、無論這一世的、前一世、前十世、前千萬億世的事情、都會曉得的。不像我們這箇世界上的凡夫、自己小時候的事情、也都忘記了、那裏還會曉得前世的事情呢。神足通、是只消動一動念頭的時候、十方無窮無盡的世界、就都可以一齊同到。並且一些不喫力、一些不煩難、高山大海、都不會阻隔他的。不像我們這箇世界上的凡夫．就是極強健的．常常走路走慣的人．也不過一天走了一百里路罷了。若是碰到了高山大海．就被他隔住了．不能彀過去了。或是有了大風、大雨、大雪．也就不好走了。這就叫做五通。加上了一箇漏盡通．就叫六通。甚麼叫做漏盡通呢。先講一箇漏字．譬如一箇破的瓶．裝了水進去．就都要漏出來的。人有了貪、瞋、癡、等種種的煩惱．他的念頭．就都被這些煩惱牽了去．造出種種的業來．守不定自己的心．就像漏的東西一樣。漏盡、就是這種漏的壞處．完全沒有了。把貪、瞋、癡、等種種的煩惱．一齊去得淸淸淨淨．一些也沒有了。因爲這樣．就得著了種種神通．所以叫做漏盡通。現在經裏頭說的淸早出去．供養他方十萬億佛．只消到喫飯時候．就可以回來．這就是得了神足通的緣故。實在西方極樂世界的人．沒有一箇不是完全得到這六種神通的。不過這部經裏頭．只說到了一種神足通。還有的五種神通．都沒有提起罷了。〇這一段．是說西方極樂世界．有天樂、天華、等種種的好處。生到那裏去的衆生．都有神足通的神通。

飯食、經行。

【解】從他方十萬億箇世界囘來了．就喫飯。喫過了飯．就在佛前各處地方周圍繞轉的走．顯明白他們聽見了佛法．心裏頭歡喜願意．依照所說的方法．去修行的意思。

【釋】飯字、讀做反字音。食字、讀做嗣字音。這兩箇字．就是喫飯的意思。那西方極樂世界．譬如想要喫了．那些喫的東西．自然會到面前來的。想要喫甚麼．就自然有甚麼．也不要用錢去買．也不要用人去燒。並且味道都是非常鮮的。甜酸鹹淡．沒有不隨各人的意思的。要喫多少．就自然會來多少。也不會多．也不會少。裝東西的碗盞．想用金銀的．金銀的碗盞．就自然會來。想用珠寶的．珠寶的碗盞。就自然會來。喫過了．就自然會化去的。等到下次要的時候．又會來了。也不要人去收拾的。不喫也不會饑餓．多喫也不會飽脹。喫了下去．也沒有渣滓、存留在肚裏頭．所以也沒有大小便。講到實在．西方極樂世界的人．只消看見了各種喫的東西的顏色．或是聞著了各種喫的東西的香味．肚子裏也就覺得飽滿適意了．不必要眞正去喫的。我們這箇世界上．有這種好事情麼。並且我們這些人．喫飽了．就想睡覺．或是去做種種煩惱的事情。那西方極樂世界的人．喫過了．就在各處散步逍遙自在．眞是快樂。經行的經字．是圍繞的意思．就是在佛的各寶池、各行樹邊．周圍繞轉．一圈一圈盤旋的意思。○這一句．是說西方極樂世界逍遙自在的景象。

舍利弗極樂國土成就如是功德莊嚴。

【解】佛又叫舍利弗道．西方極樂世界像上邊所說的．常作天樂黃金爲地雨天曼陀羅華．同了衆生都有神足通等、種種的好處．都是阿彌陀佛的功德所成功的。

【釋】這兩句經．同前邊一樣的解釋也是一樣的。但是這一段裏頭的如是兩箇字．是指常作天樂黃金爲地雨天曼陀羅華．同了衆生都有神足通的種種功德。因爲阿彌陀佛四十八箇大願心裏頭．有一箇願說道．我若是成了佛．從地上起．都是無窮無盡的寶貝、同了幾百幾千種的香合併成功的。又有一箇願說道．我若是成了佛．十方無窮無盡的世界．無論天上的人．或是地上的人．聽得了我的名號．就都點種種的燈．散種種的華．來供養我。還做種種的善事。雖然只不過做一天一夜．也必定能彀生到我的國裏頭去的。又有一箇願說道．我若是成了佛．我國裏頭的菩薩．拿了香華等種種供養的東西．要到各方世界去供養許多的佛。只消喫一頓飯的時候．就可以各方世界、一齊同到。又有一箇願說道．我若是成了佛．我國裏頭的人．要喫的時候．在這種寶貝的鉢盂裏頭．幾百種味道的東西．都會化出來．現到面前來的。喫過了．又自然會化去的。因爲阿彌陀佛發了這樣種種的大願心．才成功了佛．可見得阿彌陀佛功德的大。所以西方極樂世界．有這樣的好處．都是阿彌陀佛的功德成功的。○這兩句．又是總結上邊所說西方極樂世界種種的好處。

復次、舍利弗．彼國常有種種奇妙雜色之鳥．白鶴、孔雀、鸚鵡、舍利、迦陵頻伽、共命之鳥。是諸眾鳥．晝夜六時．出和雅音．其音演暢．五根五力、七菩提分、八聖道分、如是等法。

【解】佛又說道．舍利弗、那西方極樂世界．還常常有各色各樣、稀稀奇奇、很可愛、很好看的鳥。像白鶴、孔雀、鸚鵡、舍利、【舍利、是梵語．我們中國叫鶖鷺．也叫百舌鳥】迦陵頻伽、【這也是梵語、翻譯我們中國話、迦陵是好、頻伽是聲音、所以叫做好聲鳥、】共命、【是兩箇頭、兩箇心識、合一箇身體的鳥、心識、就是識、也有叫識神的、在十二因緣、五陰熾盛裏頭、都講明白過的、】等種種的鳥。這許多鳥日間三份時候．夜間三份時候．不停歇的發出又和平、又雅致的聲音來。他們這種聲音裏頭．都是演說宣布那五根、五力、七菩提分、八聖道分、等種種的方法。【這四種名目下邊一段解釋裏頭、會詳詳細細講明白的、】

【釋】復次兩箇字．是再講明白佛說的意思。佛又告訴舍利弗．你知道麼．西方極樂世界那裏還常常有各種奇妙雜色的鳥。奇妙兩箇字．說不是平常所有的．很稀奇、很好看的。雜色兩箇字．說鳥的顏色．多得很。鳥的種類．也多得很。提出幾種來說．說有白鶴、孔雀、鸚鵡、舍利、迦陵頻伽、共命、等各種的鳥。白鶴、孔雀、鸚鵡、舍利、四種鳥．我們這箇世界上．也還有的。迦陵頻伽、共命、二種鳥．在印度從前還有的。不過也很稀奇．不是常常有的。我們這箇世界上的鳥．只有日間會叫。西方極樂世界的鳥．那是日間夜間．總共六份時候．常常不停歇叫的。叫起來的聲音．又是很溫和的．一些也不粗暴．很雅致的．一些也不蠢俗。聽了他們很溫和的聲音．自然心裏頭和平快樂得了不得。聽了他們很雅致的聲音．自然心裏頭清淨文雅得了不得。不獨是這些好處。他們這些鳥所發出來的聲音。還可以演說出許多佛法來哩。演字、有形容的意思。因爲許多佛法的道理很深的。把他形容出來。才會明白。暢字、有宣揚、疏通、兩種的意思。因爲許多佛法的道理。是很細的。把他宣揚、疏通、的演講出來。才可以使得這種道理。完全顯明白。五根的根字。是根本的意思。因爲這五種法。是生出各種善法的根本。所以叫五根。五種根。第一種。是信根。就是能夠切實相信各種眞正的道理。這一種根。是五種根的總根。還有四種根。都是從這一種總的根裏頭發生出來的。第二種。是進根。也叫勤根。因爲既然相信了。就應該勤勤懇懇沒有停歇的向上用功。第三種。是念根。常常想念這些眞正的道理。第四種。是定根。就是要使得這箇心。著牢在這些眞正的道理上。不放這箇心。散到旁的地方去。第五種。是慧根。既然不放這箇心。散到旁的地方去。心就不散亂了。心不散亂。就會生出智慧來了。有了智慧。就會分別邪正。決定是非了。有了這五種根。自然會一心一意的走到眞正的道理裏頭去了。五力的力字。就是力量、功用、的意思。【功用、是益處用處的意思、】前邊的五根。慢慢的增加長大起來。就會有很大的力量功用了。第一種是信力。上邊所說的信根。增加長大起來。有大力量。大功用。可以破除疑惑。不被疑惑所搖動了。可以抵制邪魔。【魔、是很有力量的一種邪鬼、專門反對佛法、破壞佛法的、所以叫做邪魔、】不被邪魔所迷亂了。可以消除煩惱。不被煩惱所擾害了。這一種信力同了五根裏頭的信根是一樣的。也是一種總的力。還有四種力。也都是從這一種總的力裏頭。發生出來的。第二種是進力。進根增加長大起來。有大力量。大功用。會破種種的懶惰心。成功出世的種種事業。【出世兩箇字、是跳出這箇三界的意思、再不受生生死死的苦了、】第三種是念力。念根增加長大起來。有大力量。大功用。可以破除種種的邪念頭。成功一切出世的正當念頭。第四種是定力。定根增加長大起來。有大力量。大功用。可以消除一切雜亂的念頭。使得這一箇心。可以安安定定。第五種是慧力。慧根增加長大起來。有大力量。大功用。可以破除一切迷惑。可以斷絕一切不中不正的種種固執的見解。菩提兩箇字。也可以當做中國的一箇道字解釋。所以發信道的心。就可以叫做發菩提心。還有覺悟的意思。分字、是一份一份的意思。七菩提分、也有叫做七覺支的。支字、就同份字一樣的意思。覺字、又有智慧的意思。因爲有了前邊的五根同了五力、所以得到這七種的覺悟。這七種覺悟、第一種是擇法。就是能彀用了智慧、去辨別各種法的眞假。第二種是精進。就是能彀用了智慧、明白眞正的道理。不去浪費精神、在那沒有益處的事情上。第三種是喜。就是能彀用了智慧、得到了眞正的好方法、才生出歡喜心來。第四種是除。就是能彀用了智慧、去斷除種種的煩惱。不放這些煩惱、害著眞正的善根。第五種是捨。就是能彀用了智慧、捨去一切虛的假的事情、永遠不去想念他。第六種是定。就是能彀用了智慧、曉得在定心裏頭、所得到的各種境界、都是虛的假的、不生出愛惜保守的心來。第七種是念。就是能彀用了智慧、使得這箇定根定力、同了慧根慧力兩邊、常常均平、沒有高低。因爲這箇心、若是偏在這定的一邊了、恐怕要沈沒下去、就應該用擇、進、喜、三種法、把這箇心提起來。若是這箇心偏在慧的一邊了、恐怕要浮散開去、就應該用除、捨、定、三種法、把這箇心伏下去。這箇念頭、常常要放在禪定同了智慧的上邊。【禪定、智慧、前邊解釋皆是大阿羅漢一句裏頭、都已經講明白過的、】使得兩面平均．不可以稍有一些些偏的。八聖道分．也叫做八正道分。第一是正見。就是實在見到了四諦眞正的道理．【四諦兩箇字、在前邊解釋皆是大阿羅漢一句裏頭、已經講明白過的、】一些也沒有差誤．所以叫做正見。這一種是下邊七種的主腦。第二是正思惟。就是既然見到了四諦眞正的道理．就專心在這箇眞道理上．轉念頭．用功夫．沒有一些邪念。使得眞正的智慧．增加長大起來．可以盼望得到不生不滅眞正的地位。第三是正語。就是不獨是心裏頭沒有邪的念頭．還要用眞正的智慧來修口四業．不說一切不合道理的話。第四是正業。就是除滅身體上的一切邪業。使得這箇身體．常常很淸淨．一些沒有不正當的事業。第五是正命。就是把身業、口業、意業、三種．完全的消除．得淸淸淨淨。不可以因爲愛惜自己的性命．在這身、口、意、上邊．造出業來。第六是正精進。就是勤勤懇懇．一直向那自己原有的不生不滅的眞性上修去。【眞性兩箇字、上邊解釋佛說阿彌陀經一句裏頭、已經說明白過的、】第七是正念。就是專心想念本來所修的道理．沒有一些旁的念頭。第八是正定。就是把這箇心．常常安住在這箇本來所修的道理上邊．一些沒有搖動。這箇八種法．就叫做八正道．因爲一些沒有偏、一些沒有邪的．所以叫做正。照了這八種法修起來．就可以免脫生死。這是修行最正當的方法．所以叫做道。如是等法四箇字．是說有這樣的許多法。說到一箇等字．就見得還不獨是五根、五力、七菩提分、八聖道分、二十五種法．一定還有沒有說出來的法．包括在這一箇等字裏頭。有甚麼法沒有說出來呢。就是四念處、四正勤、四如意足、十二種法。連了上邊的五根、五力、七菩提分、八聖道分二十五種。總共有三十七種法．就叫做三十七道品。品字、同了種字、類字、差不多的意思。譬如說三十七種．三十七類．都可以的。加上一箇道字．因爲這些法．都是跳出生死關的正道理．所以叫做道品。甚麼叫四念處呢。第一是身念處。就是要看一箇人的身體．種種的汚穢不潔淨。不要說死了爛了．都變成了膿漿。就是活的人．也全靠了一層皮包住了。那裏邊就都是臭得很的膿血屎尿了。汚穢不汚穢呢。所以要常常想念這箇身體．是不潔淨的。第二是受念處。就是要看一箇人所受著的．沒有一樣不是很苦的。大略說說。已經有像前邊說過的八種苦了。若是仔細說起來、就說也說不盡了。所以要常常想念一箇人在這箇世界上、所受著的、沒有不苦惱的。第三是心念處。心有幾種的心、一種是肉團心、就是人身體裏頭心肝的心。那是一團肉塊、沒有知覺靈性的。一種是緣慮心。【緣、是攀住的意思、慮、是分別的意思、緣慮心、實在也就是十二因緣、同了五陰熾盛裏頭的識、】就是我們現在用他來分別各種境界的心。一種是眞實心。那是一切眾生的本體、【眞實心同了本體兩種名目、在前邊解釋佛說阿彌陀經一句裏頭、已經詳細講明白過的、】永遠不會改變的。現在所說心念處的心、是這三種裏頭的第二種緣慮心。一箇人對了外邊的各種境界、就生出種種的心來分別他。一箇心去了、一箇心又來、時時刻刻變的。境界過了、那箇分別的心、也就消滅了。同了那雲裏頭的電光一樣、亮一亮就暗的。所以一箇人、應該要常常想念這箇心、是虛假的。不可以錯認這箇心、當他是眞實心、說是永遠不變的。第四是法念處。【法字、在前邊解釋佛說阿彌陀經一句裏頭、已經詳細說過的、】我們人都壞在這一箇我字。因爲箇箇人都知道有這箇我、所以就生出種種的心來、造出種種的業來。一世一世在六道輪迴裏頭．【六道輪迴、是這一世生在這一道、下一世生在那一道、總在這六道裏頭、轉來轉去、像車輪盤這樣的轉、永遠轉不出去、所以叫做輪迴、】冤冤枉枉．受這生死的苦。現在不去講別種的法．單講這一種五陰法．就是上邊講過的色、受、想、行、識、的五種．問你這箇我在甚麼地方。在色裏頭麼．色裏頭並沒有我。在受裏頭麼．受裏頭也沒有我。爲甚麼說沒有我呢。要曉得一切有形色的．都是自己心裏頭變出來的相．那完全是空的假的。雖然變了出來．終究還是要消滅的。就講一箇人的身體．大家總說是我．是我的。到死了後來．這身體上的知覺沒有了．還可以說是我麼。再過了幾時．皮肉骨頭．都爛完了．還可以說是我的麼。若然眞是我．或者眞是我的．那末我自己就可以做得主了。爲甚麼這箇身體．不要他生病．偏要生病。不要他死．偏要死呢。既然自己一些也做不來主．怎麼能彀說是我．說是我的呢。身體是色法。【色、是有形相可以看得見的、那身體就是有形相看得見的東西、法、是有名目可以叫得出的、那身體既然有形相可以看得見、就自然有名目可以叫得出了、所以身體叫色法、】身體既然不能彀說是我．不能彀說是我的。那末就是色法裏頭．沒有我了。受、想、行、識、四種．是心法。【受、想、行、識、四種、都是在心上發生出來的事情、並且都是有名目可以叫得出的、所以叫心法】都是因爲有了這箇色法．才有的。色法尙且不能彀說是我．不能彀說是我的．何況再從色法上生出來的心法呢．那一定更加沒有我了。佛經裏頭所說的法無我．就是這箇意思。所以一箇人．應該要常常想念這箇法．也是空的假的．不可以認做眞實的。念處兩箇字的意思．就是應該想念的地方．能彀這樣的想念．自然會漸漸的合到正當的道理上去了。四正勤、是那四種呢。第一是已生惡、令斷。就是所有已經生出來的惡法．一心要把他除斷．不許他留著一些。第二是未生惡、不令生。就是惡法雖然現在沒有生出來。但是將來恐怕要生．所以要預先一心的防住他．不許有一些的惡法生出來。第三是未生善、令生。就是善法現在還沒有生出來．就要一心的修．一定要教他生出來。第四是已生善、令增長。就是善法已經生出來的．還是要一心的修．要使他漸漸的增加長大起來。這四種．都叫做正勤。因爲能彀破種種的邪道．在正當的道理上．勤勤懇懇修行的緣故。四如意足的如意兩箇字、是稱心的意思。足字、是滿足的意思。這四種．都是講定力的。因爲四念處．是修實在的智慧。四正勤．是修正當的上進功夫。但是在定力上．還差一些。修了這四如意足．就加添了定力。可以收束心思．不放他散動。那末智慧同了定力．就均平了。智慧定力．既然均平了．就能彀斷除三界裏頭的一切煩惱。所有各種的願心．都可以稱心如意．完全滿足了。這四如意足。第一是欲如意足。欲、是喜歡同希望的一種心念。第二是心如意足。這箇心字．同了念字的意思、是一樣的。就是說一心記念所修的善法．不放他忘記．所以也有叫念如意足的。第三是勤如意足。也有叫進如意足的．意思是一樣的。第四是慧如意足。勤同了慧．上邊都講過了的。從這箇欲、心、勤、慧、的四種上．把那散動的心．收束定了。依靠了這箇定力．往往能彀得到身如意通。【就是上邊所說六神通裏頭的一種神足通、因爲得了這種神通、就能彀稱自己的心、不論怎樣的遠、沒有不能彀到的、並且沒有一些東西、能彀阻礙他的、所以叫身如意通、】就叫做四如意足。【也叫四神足、】講起修這三十七道品的次序來。那是聽得了法【聽法叫做聞慧、聞、就是聽得、慧、就是智慧、因爲聽了法、就能彀生出智慧來的緣故、】先應該想念他的道理。【這叫做思慧、思字、是用心想念的意思、用心想念、也能彀生出智慧來的、】所以先是念處。既經想念了、就應該勤勤懇懇的修。【這叫做修慧、修種種佛法、都能彀生出智慧來的、】所以念處的後邊、就是正勤。能彀勤勤懇懇的修、自然心思也不會散開來了、所以正勤的後邊、就是如意足。心既然有了定力、就同樹木一樣的生了根了、所以如意足的後邊、就是五根。根既然堅固了、一定能彀長大起來、所以就有五力。有了這箇根力、方才能彀用眞實的智慧、去分別一切的法、所以有這種七菩提分。把一切法的邪正、都分別淸楚了、那就可以在正當的道理上去做了、所以最後就是八聖道分。【從四正勤起、一直到八聖道分、所說的都是修慧、】西方極樂世界的鳥、都會說出這樣種種的法來、奇怪不奇怪呢。這上邊所講的三十七道品、都是講修道的方法、不很容易明白的。看了能彀懂、自然最好。若是看不懂、儘管看下去、可以不必去理會他。〇這一段、是說西方極樂世界的鳥、也都會說法的。

其土眾生聞是音已．皆悉念佛、念法、念僧。

【解】西方極樂世界的眾生。聽過了這許多鳥．說那種種修行方法的聲音後。就大家動了心．都想念佛寶．想念佛所說的法寶．想念依了佛法修行的僧寶了。

【釋】聽了西方極樂世界鳥的聲音．倘然沒有甚麼益處．那是同聽了我們這箇世界上凡鳥的聲音一樣了。那西方極樂世界的眾生．聽了這些鳥所發出來的聲音．都是說的種種法。所以聽過了．就都想念起佛寶、法寶、僧寶來了。所說的佛．不一定是要眞正的佛身．就是木雕的．泥塑的．紙畫的．看了都要同眞佛一樣的敬重。因爲佛從無窮無盡的劫數．爲了要度脫我們這些苦惱的眾生．用極苦的功夫修行．才圓滿成了佛。人若是皈依了佛．就可以免脫墮落三惡道的苦．所以叫做佛寶。法．就是講佛法的經．或是咒．都叫法寶。因爲人總是受貪、瞋、癡、三種毒的苦．生生死死．受無窮無盡的苦報。佛所說的經．都是勸人斷除貪、瞋、癡、三種生死的苦根。人若是皈依了法．也可以免脫墮落三惡道的苦。並且還可以加增說不盡的智慧．所以叫做法寶。僧．就是比丘、比丘尼、沙彌、【出家受十戒的男子、】沙彌尼、【出家受十戒的女子、】這些出家人。佛法全靠僧人流傳。使得佛法不致於消滅。人若是皈依了僧。也可以免脫墮落三惡道的苦。所以叫做僧寶。這佛、法、僧、三寶。我們都要尊重他們。恭敬他們的。所以叫做三寶。皈依佛的皈字。同了歸字一樣的。就是把我的性命歸託他。依字、是把我的性命依靠他。我們念起佛號來。頭上都有南無兩箇字。是梵語。實在就是皈依的意思。○這三句。是說聽了鳥的聲音。有這樣的好處。

舍利弗。汝勿謂此鳥實是罪報所生。所以者何。彼佛國土、無三惡道。舍利弗。其佛國土。尚無惡道之名。何況有實。是諸衆鳥。皆是阿彌陀佛。欲令法音宣流。變化所作。

【解】佛又叫舍利弗道。你不可以說這些鳥。是因爲做人的時候。造了罪。所以受這種投做畜生的苦報應的。爲甚麼不可以這樣說呢。因爲那西方極樂世界。沒有畜生、餓鬼、地獄、三種惡道的。舍利弗。那西方極樂世界。惡道的名目。尚且沒有。何況實在的惡道。那是更加不會有了。這許多的鳥。都是阿彌陀佛。要使得佛法的聲音。宣布出來。流通開來。所以變化出來的。

【釋】造了罪．就有苦報．這是一定的道理。西方極樂世界．若是還有受苦報的畜生．生在那裏。那末怎麼可以說是極樂呢．怎麼可以說無有衆苦呢。所以這些鳥．不可以說他們是受苦報的畜生。因爲阿彌陀佛四十八箇大願裏頭．有一箇願說道．我若是成了佛．我的國裏邊．沒有不善的名目聽見的．若是不能彀滿我的願．我就不願成佛。那末不善的名目．尚且不會聽到．那裏還會有不善的事情呢。又有一箇願說道．我若是成了佛．我的國裏邊．若是有畜生、餓鬼、地獄．我就不願成佛。所以西方極樂世界．若是眞有了畜生．那不是阿彌陀佛的本願心．就沒有圓滿了麼。所以這種惡道．在西方極樂世界．不但是眼睛所看不到．也是耳朵所聽不到的。但是既然沒有惡道．究竟這些鳥．是那裏來的呢．這都是佛變化出來的。佛要這種種的法音．【法音、就是說佛法的聲音、】宣布流通．徧滿在他的國裏頭。所以變化出這些鳥來說法．才可以使得生在西方極樂世界的衆生．沒有一箇地方．沒有一箇時候．不聽到佛法。這是佛的大神通．大力量．才能彀做到這種地步。實在這些鳥、完全就是阿彌陀佛的神通智慧、不可以眞的把他當做鳥看待的。若是眞把他當做鳥看、就同了經的意思違背了。因爲經上明明說這許多的鳥、都是阿彌陀佛要使得法音宣布流通、所以變化出來的。倘然不是阿彌陀佛變化出來的、那末同了尋常的鳥差不多的了、那裏會說這種種的法呢。○這一段、是說西方極樂世界、沒有惡道的。

舍利弗、彼佛國土、微風吹動諸寶行樹、及寶羅網、出微妙音、譬如百千種樂同時俱作。聞是音者、自然皆生念佛念法念僧之心。

【解】佛又叫舍利弗道。西方極樂世界、有微細輕和的風、吹動了這許多寶貝成功的樹林、同了寶貝成功的網絡。這些樹林、同了網絡裏頭、就會發出很細很好的聲音來的。這種聲音、非常的好聽。像有幾百幾千種的樂器、同在一箇時候、一齊吹彈起來。聽到了這種聲音的人、自然而然的都會生出想念佛、想念法、想念僧的心來了。

【釋】微風、是很輕、很細、很和的風。那西方極樂世界、沒有一樣不好。所以吹來的風、又像有．又像沒有又不冷又不熱。不像我們這箇世界上的風．很大、很狂的。可以傷壞房屋樹木的．變成風災的。那些樹林、網絡．本來是七種寶貝成功的。輕輕的風．慢慢的吹上去．樹碰動網．網碰動樹．自然就會發出很好聽的音聲來了。雖然說像幾百幾千種的樂器同在一箇時候．一齊吹彈起來。但是這種聲音．還不獨是好聽哩．並且還能彀像鳥的聲音一樣．也會發出像上邊所講各種道品的法音來的。無量壽經裏頭說道．我們這箇世界上．皇帝宮裏頭的樂器．就是有百千萬種的多．也不及忉利天宮一種樂器的好。忉利天宮裏頭百千萬種的樂器．不及夜摩天宮一種樂器的好。高一層天．就要好百千萬倍。那樣的好．已經不是說話可以形容的了。但是還遠不及西方極樂世界風吹動了樹林、網絡．發出來的聲音的好。照這樣說起來．那些聲音的好聽．還了得麼。因爲這種聲音也是借他來說法的．不獨是爲了好聽。所以生在西方極樂世界的人．聽了這種聲音．自然會動他們修道的心．想念起佛、法、僧、三寶來了。○這一段．是說西方極樂世界的風、樹、網絡．都會說法的。

舍利弗．其佛國土成就如是功德莊嚴。

【解】佛又叫舍利弗道。西方極樂世界像上邊所說的．阿彌陀佛變化出來的各種鳥．同了各種寶貝成功的樹林、網絡．也都會發出說法的聲音來。使得生在西方極樂世界的人．聽了這些聲音都會生出想念佛、法、僧、三寶的心來。這都是阿彌陀佛的功德所成功的。

【釋】這兩句解釋．還是同上邊一樣的。不過這一段裏頭的如是兩箇字．是指阿彌陀佛變化出來的各種鳥．同了各種寶貝成功的樹林、網絡．都會說法的種種功德。因爲阿彌陀佛．還有一箇大願說道．我若是成了佛．我國裏頭的人．隨他們的心願要聽甚麼法．就自然有甚麼法．給他們聽。阿彌陀佛發過這樣的大願心．所以這些鳥．這些樹．這種風．都會說法。說給生在西方極樂世界的人聽。這都是阿彌陀佛的功德所成功的。〇這兩句．也是總結上邊所說的西方極樂世界種種的好處。

舍利弗．於汝意云何．彼佛何故號阿彌陀。

【解】佛又叫舍利弗道。你的意思裏頭。怎麼樣想法。那西方極樂世界的佛。爲甚麼稱他叫阿彌陀呢。

【釋】世上的一切事情。都不出因果兩箇字。種了甚麼因。一定結甚麼果。斷斷不會有一些些差的。譬如把瓜子種下去。一定生出瓜來。把豆子種下去。一定生出豆來。斷斷不會種了瓜。生出豆來。也斷斷不會種了豆。生出瓜來的。一箇人轉的念頭。做的事情。都就是種因。轉了善念頭。做了善事情。將來一定得好結果。就是得好報應。轉了惡念頭。做了惡事情。將來一定得苦結果。就是得苦報應。報應分兩種。一種是依報。一種是正報。受報應的、叫正報。譬如一箇人。受種種的好報應。或是受種種的惡報應。是甚麼東西去受的呢。自然就是這箇身體去受的了。所以這箇身體是主。就叫正報。報應他的。叫依報。譬如一箇人。受種種的好報應。或是受種種的苦報應。拿甚麼東西去報應他呢。就是把住的、喫的、穿的、用的、種種的東西。去報應他。報應好的。那末這些住的、喫的、穿的、用的、種種的東西。也就都是好的。報應苦的。那末這些住的、喫的、穿的、用的、種種的東西。也就都是苦的。

這種種的東西，就叫依報。我們這些人的身體，是爺娘精血成功的，這箇根本，已經是很不潔淨的了。包在一層皮裏頭的，又都是膿血屎尿，所以我們這些人的正報，實在沒有一些潔淨的。講到我們這箇娑婆世界，又是很汚穢的。【娑婆世界怎樣的很汚穢、下邊解釋五濁惡世一節裏頭、會詳細說明白的、】又遠不及西方極樂世界的清淨。那末我們的依報，也是很不潔淨的。所以我們這箇世界上，無論正報依報，沒有一樣可以比得上西方極樂世界的。上邊幾段經，所講的西方極樂世界種種的好處，都是講的依報。從這一段經起，要講西方極樂世界的正報了。正報有主有伴，主、是主人，伴、是伴侶。阿彌陀佛是西方極樂世界的主人。所以阿彌陀佛，是正報的主。還有那些生到西方極樂世界去的人，是正報的伴。現在先把正報的主，就是阿彌陀佛，講講清楚。〇這兩句，是佛要講阿彌陀佛的功德，所以自己先問一句。下邊就是佛自己回答解釋了。

舍利弗，彼佛光明無量，照十方國、無所障礙，是故號爲阿彌陀。

【解】佛又叫舍利弗道。那阿彌陀佛全身發出來的光，很亮很大的。能彀照到十方一切許多佛的世界。一些不會被別的東西遮住隔住的。所以稱他做阿彌陀。阿彌陀、是無量光的梵語。所以阿彌陀佛、也叫無量光佛。

【釋】阿彌陀、是梵語。就是我們中國的無量光三箇字。就是光明無窮無盡、沒有數量的意思。凡是佛的身體、都有光明的。不過光有兩種。一種是常光、就是平常時候、常常有的。那是一定的光。一種是放光、是因爲有了甚麼緣故、特地從身上各處地方放出來的。那是沒有一定的光。照現在經裏頭所說的意思看起來、是說阿彌陀佛的常光。別種光隔了一張紙、就照不過去了。那怕你現在的電燈光、遠了也就照不到了。阿彌陀佛的光、可以照到十方世界、沒有一箇地方照不到。並且無論甚麼東西、都遮不住、隔不斷、他的光的。不要說別種光了、就是日光月光、也萬萬比不上阿彌陀佛的光。因爲日光月光、只能彀照到一箇世界。鐵圍山的外面、就照不著了。並且行到了東邊、西邊就沒有光。行到了南邊、北邊就沒有光。不獨是不能彀各處都照到、並且一遮就遮住、一隔就隔斷的。還有一層、若是日光照了人的眼、眼就要睜不開的、人就要覺得熱的、覺得煩躁的。阿彌陀佛的光照了人。這箇人就覺得身體上非常的舒服。心裏頭非常的淸淨。比了天上的人。還要快樂。並且阿彌陀佛對了念佛的人。都把光來照他們的。保護他們的。像極慈愛的母親。寶貝兒女。捨不得離開的樣子。這都是阿彌陀佛的大慈大悲大願大力。照無量壽經上說。阿彌陀佛的光。在十方世界裏頭。算是第一了。因爲別尊佛的光。都沒有像他的光照得遠。這是因爲他發的四十八箇大願裏頭。有一箇願心說道。倘然我將來成了佛。我的光有數目限止。不能彀照徧無量無邊的世界。我就不願成佛。現在既然成了佛了。這箇願心。一定要滿足的。所以就有這樣的光。還有一層。我們也不可以不曉得的。就是我們這些人。本來有的靈性。是同佛沒有兩樣的。爲甚麼他叫做佛。我們叫做凡夫。他有這樣的光。我們連那一尺一寸的光也沒有呢。這是因爲我們心裏頭不淸淨。不能彀把一切煩惱的念頭。都抛開去。譬如月亮的光。被那浮雲遮住了。所以光就發不出來了。但是浮雲雖然遮住了月亮的光。究竟月亮仍舊一絲也沒有受著損失。只要那浮雲散去了。光就會顯出來的。人的心光。【自己眞心裏頭、本來有的光、所以說是心光、】也是這樣的。若是能彀把一切的煩惱絲毫都不放在心上，那末心光也自然會發出來了。就是阿彌陀佛的光，我們一些都看不見，也因爲被這些壞念頭，把我們本來的清淨靈性遮蓋住了，所以看不見的。○這一段，是說阿彌陀佛有無窮無盡的光。

又、舍利弗，彼佛壽命、及其人民，無量無邊阿僧祇劫，故名阿彌陀。

【解】佛又叫舍利弗道，阿彌陀佛，同了生到西方極樂世界去的人。他們的壽命，都是無窮無盡，沒有數目可以算的。所以稱他做阿彌陀。阿彌陀、是無量壽的梵語。所以阿彌陀佛，也叫無量壽佛。

【釋】無邊兩箇字，同無量一樣的，也是很多很多、沒有數目可以計算的意思。阿僧祇、是梵語，中國文叫無央數，也是沒有數目可以計算的意思。但是這樣很大很大的數目，不是凡夫的心量，可以計算的。劫字、是梵語，叫劫波，就是災難的意思。現在借用這箇劫字，來計算年代的數目。劫有大劫、中劫、小劫、三種分別。一箇大劫，有四箇中劫。一箇中劫，有二十箇小劫。一箇小劫，就是人的壽命，從最短只有十歲的時候算起。每過一百年，加一歲．加到八萬四千歲。到了八萬四千歲．就每過一百年．減一歲了。仍舊減到十歲。照這箇樣子．加一回．減一回．總共是一千六百八十萬年．叫一箇小劫。二十箇小劫．成功一箇中劫．就是三萬三千六百萬年。四箇中劫成功一箇大劫．就是十三萬四千四百萬年。一箇劫已經有這麼些年了。何況是無量無邊．沒有數目的劫呢。那年歲的長久．還可以算得清麼。四箇中劫．都有名目的。叫成劫、住劫、壞劫、空劫。成劫、是這箇世界成功的時代。成功這箇世界．很不容易的。要一箇中劫的長久．才能彀完全成功。住劫、是世界已經成功．有了人的時代．最平穩的時候．大家在這箇世界上過日子。住字、是停住在那裏的意思。現在就是在住劫的時代。【現在是住劫裏頭的第九箇小劫、】壞劫、是世界毀壞的時代。壞也不容易的．也要壞一箇中劫的長久．才能彀壞完。但是在壞劫起初的時候．就有大火災起來了。越燒越厲害．直燒到壞劫的末後一箇小劫．就燒得空空洞洞．一些東西都沒有了。平常的火．燒了東西．還是有灰的。劫火燒過了．連灰也沒有的。這就是大三災的第一大火災了。第二是大水災。第三是大風災。但是這三種大災．不是一同來的．是輪流了來的。只是厲害得很．不像現在我們這箇時候的災了。第一次的大火災起的時候．有七箇太陽．在一箇時候．一同出來．燒這箇世界。從我們這箇世界下邊．最低的一層阿鼻地獄燒起．一直燒到初禪天。所有初禪天以下的世界．同了世界上的山河大地．一齊燒得乾乾淨淨．一些兒也不留。這是第一次的大劫。大火災來過後．壞劫也就過去了．又到了空劫的時代了。等到空劫過去後．世界又要重新出現了。又是成劫、住劫、漸漸的過去。等到這第二次的壞劫．仍舊是大火災。直要經過七次大火災．到第八箇大劫裏頭的壞劫．就改做大水災了。也是從阿鼻地獄起。但是這一回的大水災．一直要到二禪天了。所有二禪天以下的世界天地．也都被大水浸壞了。像水浸鹽．也一些兒不留。這是第八次的大劫。照這箇樣子．七次大火災．一次大水災．要輪流經過七回．再來七次大火災。總共已經有六十三次的大災．也就是已經過了六十三箇大劫了．到這第六十四次的大劫．是大風災來了。也是從阿鼻地獄起。但這一次的大風災．更加厲害了．一直要吹到三禪天了。所有三禪天以下的世界天地．也一齊都被這大風吹散吹滅．得乾乾淨淨．一些兒也不留。加上一箇大風災．總共就是六十四次的大災。就是六十四箇大劫了。空劫、是世界已經壞完．就都變成了虛空了．所以叫做空劫。但是也要空到一箇中劫的長久．再慢慢的成功一箇新的世界．就是又到了成劫了。不但是每一箇大劫的末後．一定有這樣的大災。就是中劫裏頭的住劫時代．算是最好的時代．也有許多災哩。不過沒有像壞劫的這樣厲害罷了。住劫裏頭．每一箇小劫的末後．就有所說的小三災來了。那小三災．就是饑饉災．【饉字、也就是餓的意思、】瘟疫災．刀兵災。我們這箇世界上的人．到了現在末法的時代．一天惡一天．所以壽命也一天短一天。到壽命減短到三十歲的時候．【釋迦牟尼佛、在我們世界上的時候、人的壽命、恰好一百歲、照這樣算起來、現在的人、應該有七十歲的壽、】天上的龍．因爲看見世界上的人太惡了．七年不肯降雨。所以各處地方．都遭旱荒。沒有東西可以喫．就一大半人都要餓死了。等到壽命減短到二十歲的時候．很厲害的瘟疫災來了。人吐出來的東西．碰到了就可以送命的．人也要死去一大半。到了壽命減短到十歲的時候．人的瞋心．已經發到極處了。那怕你大家要好的人．只消一句說話不投機。就可以拔出刀來殺他的。地下所生出來的草。也都可以拿他當做刀用。可以殺人的。那箇時候。正是你殺我。我殺你。大家專門相殺的時代。所以徧地都是刀兵災。人差不多要殺得沒有了。到了這箇時候。天上的人。動了哀憐的心。就下來到我們人住的世界上。勸化這些惡人。漸漸的改惡向善。這些人也覺得太苦了。就聽了天上人的好話。人心漸漸的向善起來了。壽命也就漸漸的加長起來了。等到加到了八萬四千歲的時候。人心又要漸漸的惡起來。壽命也又要漸漸的減短到十歲了。因爲照了所經過的時代算起來。一定要碰到這樣的災難。所以叫做劫。講到那西方極樂世界。就實在沒有這種災難的。不過借這箇劫的名目。計算年代的長久罷了。因爲世界上的災難。都是衆生的惡業感應來的。西方極樂世界。是阿彌陀佛種種的功德所成功的。那自然不會有災難。並且也不會毀壞了。雖然說生到西方極樂世界去的人。或者也有先前已經造過惡業的。但是用極誠懇的心。念了一句佛。就可以消去八十億劫的重罪。所以念佛生到西方極樂世界去的人。所有從前的惡業。實在已經消滅得乾乾淨淨的了。況且還靠了阿彌陀佛的大慈悲大願力。那些衆生。自然都可以安安穩穩的享受無量無邊、沒有數目的刦的長壽了。還有一層。講起一箇人的本體來本來是不生不滅的。既然沒有生滅。那壽數就永遠不會完結的了。不但是無量無邊無數刦的長壽哩。但是我們這些人。因爲從前世、前前世。一直到現在。妄想的癡心。不能彀斷。把自己的眞心迷住了。就造出種種的業來。就被這各種業的力牽到了六道輪迴裏頭去。受一世一世的報應。講起實在來。眞像做夢一樣。都是虛的假的。不實在的。不過在那夢裏頭的時候。受樂受苦像樣樣都是實在的。現在教人修這箇念佛方法。求生到西方極樂世界去。就是一種叫醒那癡夢的方便方法。癡夢醒了。那虛的假的生生死死。就不會再受了。就自然而然能彀回復那不生不滅的本體了。那末壽的長久。還可以用年歲來計算麼。所以生到西方極樂世界去的人。沒有一箇不是這樣長壽的。他們所以能彀這樣的長壽。一半是靠了阿彌陀佛大願的力量。一半也是衆生念佛的功德。同了自己心的力量。感應來的。〇這一段。是說阿彌陀佛。同了生到西方極樂世界去的人。都有無窮無盡的壽。

舍利弗．阿彌陀佛成佛以來．於今十劫。

【解】佛又叫舍利弗道。從阿彌陀佛成佛到現在．還只有十箇劫哩。

【釋】前邊已經把阿彌陀佛、所以得著這箇名號的緣故．說明白了。現在再把阿彌陀佛成佛的年代．說說清楚。自從阿彌陀佛在西方極樂世界成了佛起．算到現在的時候．一劫一劫的已經有十劫了。所說的十劫．就是世界成一次壞一次的大劫。不可以認做中劫小劫的。經裏頭說阿彌陀佛成佛以來．於今十劫．是已經過了十箇大劫的意思。就平常的眼光看起來．覺得已經長久得了不得了。但是照阿彌陀佛無量無邊阿僧祇劫的壽命說起來．那是這十劫．還只好算得是剛剛起頭。將來阿彌陀佛在西方極樂世界裏頭．講經說法．接引十方世界念佛的衆生．生到那裏去的時候．正是長久還要長久哩。○這兩句．是說阿彌陀佛成佛的年代。

又、舍利弗．彼佛有無量無邊聲聞弟子．皆阿羅漢．非是算數之所能知。

【解】佛又叫舍利弗道。那阿彌陀佛、有許多許多的聲聞弟子。聲聞總共有四種、但是阿彌陀佛的聲聞弟子、都是最高的一等、就是阿羅漢。這阿羅漢。阿羅漢實在多得了不得。不是用算法的數目能彀算得清楚、可以曉得他們確實的數目的。

【釋】佛經裏頭的數目名字、有最大的十箇。阿僧祇、是第一箇大數目。無量、是第二箇大數目。無邊、是第三箇大數目。若是照這樣說起來、那無量無邊、還是有數目算得出來的哩。現在說這些人的數目、不是用算法的數目能彀曉得的。那末這裏所說的無量無邊四箇字、眞是形容他們人的數目、多得了不得、不是十箇大數目裏頭的無量無邊了。但是只說聲聞、不說緣覺、是甚麼緣故呢。因爲緣覺出在沒有佛的時代的。西方極樂世界、明明有阿彌陀佛在那裏說法、自然不是沒有佛的時代了。所以西方極樂世界裏頭、沒有緣覺根性的人的。也沒有證緣覺果位的人的。不過旁處沒有佛的世界的緣覺、若是發了大願心、也有往生到西方極樂世界去的。他們旣然發了大願心、就不可以說他們是緣覺了。西方極樂世界的聲聞、都是大乘聲聞。不要說已經證聲聞果位的、是大乘、就是下品下生的人．也都是大乘氣派的。切不可以把我們這箇世界上聲聞的名目、來胡亂辯論。若是胡亂辯論．罪過很大的。有人說西方極樂世界．聲聞、緣覺二種小乘．都不會有的．怎麼這部經裏頭．又有聲聞呢。這有兩種緣故的。一種是沒有生到西方極樂世界去的時候、專門修小乘法．不發大願心的那些人。後來碰到了善知識．【善知識、是知識很好的人、肯教人做善事、信佛法的人、】或是臨終的時候．碰到了善知識．教他修求生到西方極樂世界去的大乘法。【就是用極誠懇的心念佛、】他聽了這箇人的話．就發了大願心．後來就生到西方極樂世界去了。但是他修小乘法修慣了．所以聽了四念處等修行的方法．【四念處、在解釋其音演暢五根五力一句裏頭、已經詳細講過了、】就明白了佛的道理．先得到了須陀洹、斯陀含、阿那含、阿羅漢、的各種地位了。一種是智慧缺少的人。雖然生到了西方極樂世界去．但是他只能彀一步一步的上去．聽幾時佛法．破幾分迷惑．就進一步果位。所以還是要經過這種小乘的階級的。但是這兩種小乘．既經生到了西方極樂世界．就不會永遠是小乘了。慢慢的多聽聽佛法．把他們種種的迷惑．一齊破除完了．就會成菩薩、成佛的。所說西方極樂世界不會有聲聞、緣覺二種小乘．還是不差的。因爲不過暫時有不是終究有的。終究要成功大乘菩薩才歇的。○這一段．是說西方極樂世界聲聞的多。

諸菩薩衆亦復如是。

【解】不但是聲聞多得很．就是菩薩也很多很多。也像聲聞一樣的．不是數目所能穀計算得淸楚的。

【釋】上邊說的聲聞．是小乘。現在說菩薩．是大乘了。亦復兩箇字．是也是的意思。如是兩箇字．是代替上邊無量無邊同了非是算數之所能知、兩句的。就是菩薩也是多得很．也不是用算法的數目．所能穀算得淸楚他們的數目的。從彼佛有無量無邊聲聞弟子一句起．到諸菩薩衆．亦復如是．是說正報的伴。○這兩句．是說西方極樂世界菩薩的多。

舍利弗．彼佛國土成就如是功德莊嚴。

【解】佛又叫舍利弗道。西方極樂世界．有阿彌陀佛的無窮無盡的光明。阿彌陀佛同了生到那裏去的人、都是無窮無盡的壽命。還有多得數不清楚的聲聞、菩薩。這樣種種的好處、都是阿彌陀佛的功德所成功的。

【釋】這兩句的解釋、還是同前邊一樣的。不過這裏的如是兩箇字、是指阿彌陀佛的光明無量、壽命無量、同了聲聞菩薩的多。西方極樂世界講起正報來、阿彌陀佛是主、無量無邊的聲聞菩薩是伴。阿彌陀佛的四十八箇大願心裏頭、有一箇願說道、我若是成了佛、我頭頂中間的光、比了日光月光、要勝過百千萬億倍。又有一箇願說道、我若是成了佛、我的光、要照到無窮無盡的世界。黑暗的地方、也都要照得很光明。許多天上的人、同了人的世界上的人、就是很小的蟲蟻、凡是看見我的光明的、沒有不發出慈悲心來做善事的。所以將來都能彀生到我的國裏頭來的。若是我的光有限量的、我就不願成佛。又有一箇願說道、我若是成了佛、我同了生到我國裏頭來的人的壽命、都是長到沒有數目可以計算的。若是壽命有限量的、我就不願成佛。又有一箇願說道、我若是成了佛、我國裏頭的菩薩、他們的神通、智慧、相貌等、種種都同了佛一樣。阿彌陀佛發了這樣種種的大願心．才成了佛。所以上邊所說的光明無量．壽命無量．同了許多的聲聞菩薩．都是阿彌陀佛的功德所成功的。○這兩句。是總結上邊所說正報的種種好處．所以能彀成功的緣故。○上卷是說西方極樂世界、種種境界的好．教人曉得了．生出羨慕的心來。下卷是說求生到西方極樂世界去的種種方法．同了勸人發出求生到西方極樂世界去的願心來。

阿彌陀經白話解釋卷下

印光法師鑒定　皈依弟子黃智海演述

又、舍利弗．極樂國土眾生、生者．皆是阿鞞跋致．

【解】佛又叫舍利弗道。凡是生到西方極樂世界去的眾生．只有一直修上去．沒有退轉來的。

【釋】不但是現在已經在西方極樂世界的．都是聲聞菩薩。就是陸陸續續生到那裏去的人．也都是只有慢慢的修上去．沒有修修退轉來的。阿鞞跋致、是梵語。阿字、是中國的無字。鞞跋致、是中國的退轉兩箇字。阿鞞跋致、就是沒有退轉來的意思。爲甚麼生到了西方極樂世界去．就只有上進．沒有退轉來的呢。這箇緣故多得很。大略說起來．有五種。

第一種、阿彌陀佛有一箇大願心說道。我若是成了佛．凡有聽到我名字的人．能彀皈依了我勤勤懇懇的修。那末就只有修上去．沒有退轉來的。第二種、凡是念佛的人．阿彌陀佛就放出光來．保祐他們．接引他們。因爲靠了佛的力量．所以能彀不生退轉來的心。第三種、西方極樂世界的樹林、網絡、鳥音、風聲、都會說法的。生到那裏去的人．常常聽了這種種說法的聲音．自然會生出想念佛法僧三寶的心來．那裏還有退轉來的呢。第四種、在西方極樂世界的．都是聲聞菩薩。那末生到那裏去的人．就同這些聲聞菩薩．常常在一塊兒做朋友。還可以親自見到佛．親自聽到佛說法。不像現在這箇世界上．不要說已經過去的佛．都看不見了。就是我們現在的教主釋迦牟尼佛．也已經入了涅槃了。所有寺院裏頭的佛．也只有紙畫的．同了那木雕泥塑的像．不會來與我們說法的。那西方極樂世界．既然有這樣的好．那裏還會退轉來呢。第五種、一箇人所以心思常常變動．做做好人．忽然又變做壞人．大半都爲了這財色兩件事情。西方極樂世界．要喫就有得喫．要穿就有得穿。又沒有妻妾兒女．要養他們．要錢做甚麼呢。生到極樂世界去的人．都是從蓮華裏頭生出來的．沒有婬慾心的。況且那裏又沒有女身的。這箇色字．也說不到了。財色兩件事情旣然不會來攪亂。自然一心一意的修行了。那裏還會修修重新退轉來呢。還有一種。可以使得我們改變心思的。就是那種邪教魔鬼來引誘我們。我們的見識不正當。主意不立定。就要上他們的當。正路不走。走邪路了。西方極樂世界。又沒有這樣的邪魔。自然只會上進。不會退轉來了。所以生到了西方極樂世界去。不會退轉來。就因爲這種種的緣故。若是要詳細說起來。那就說不完了。並且講到不退轉。還有三種的分別。一種叫位不退。就是已經到了聖人賢人的地位。不會再退轉來做凡夫的意思。一種叫行不退。就是專門學大乘的菩薩。一心一意的度脫衆生。不會再退到小乘的聲聞、緣覺、裏頭去的意思。一種叫念不退。就是心思總是同了佛的智慧相合的。不會再有別的念頭起來的意思。〇這一段。是說生到了西方極樂世界去。只有上進。沒有退轉來的。

其中多有一生補處。其數甚多。非是算數所能知之。但可以無量無邊阿僧祇說。

【解】所有生到西方極樂世界去的人裏頭。還有許多人。就在這一世上。補到佛的位子的數目也多得很哩。也不是用算法的數目、可以知道他們實在的數目的。只能彀拿這箇無量無邊阿僧祇的大數目來說說。

【釋】一生補處四箇字、是就在這一世上、補到佛位的意思。我們這箇世界上的人、要修到那位不退、行不退、念不退、已經是很不容易了。何況在一世裏頭、就修到等覺菩薩呢。【佛字本來是梵語、就是中國的覺字、就是覺悟的意思、等覺兩箇字、就是同佛一樣的意思、菩薩的等級、也多得很、等覺菩薩、是菩薩裏頭最高的位子、】現在生到西方極樂世界去、只有這一次、從蓮華裏頭生出來。慢慢的一直向上修、就可以修到補著佛的位子。這種大便宜事情、除了念佛求生到西方極樂世界去、那裏還會有第二種方法呢。並且這種就能彀補到佛位的人、也很多很多、直是多到數不淸楚。所以除了那些極呆的人、還有不要想生到西方極樂世界去的麼。所說補到佛位的一箇補字、就像做官的補缺一樣。有了一箇缺出、才可以補到一箇位子。生到西方極樂世界去的人、漸漸的修修到了等覺菩薩的地位、只要有佛的缺出來、就可以補著佛的位子、就是佛了。現在這一箇大劫叫做賢劫。在這箇賢劫裏頭。總共有一千尊佛。在我們這箇娑婆世界上出世。現在已經出了四尊佛了。第一尊佛名叫拘留孫佛。第二尊佛名叫拘那含牟尼佛。第三尊佛名叫迦葉佛。第四尊佛就是釋迦牟尼佛。一尊佛涅槃了。就再有一尊佛出來補他的位子。將來到釋迦牟尼佛的末法一萬年。差不多要過完的時候。所有釋迦牟尼佛所說的種種佛經。除了這部阿彌陀經。還有一百年留在我們這箇世界上。別的佛經。都消滅了。【所說的消滅、並不是特地去毀滅他、這是因爲衆生的福薄了、所以佛經就自然會沒有字了、】佛法也沒有人傳了。阿彌陀經。比別種佛經。多留一百年在我們這箇世界上。也是釋迦牟尼佛特別的恩典。因爲別種佛經都沒有了。別種方法。都不能彀修了。把這部阿彌陀經。多留一百年在我們這箇世界上。讓我們這箇世界上的人。還可以修這種念佛方法。生到西方極樂世界去。免得在這箇世界裏頭。一世一世的受苦。到這箇一百年過了。我們這箇世界上。就一句佛法也沒有了。再要經過很多很多的時候。到了增劫的時代。【增劫、是人的壽、漸漸的增加起來、】人的壽命。加到八萬四千歲。又減到八萬歲的時候．就應該輪到彌勒佛出世．補釋迦牟尼佛的佛位了。現在西方極樂世界的教主．是阿彌陀佛。將來阿彌陀佛的後來．就是觀世音菩薩補缺。佛號叫做普光功德山王佛。再後來．就是大勢至菩薩成佛了。佛號叫做善住功德寶王佛。講到生到了西方極樂世界去．就可以一直補到佛位的緣故．是有兩種。一種就是上邊所說過的．只有向上修．沒有退轉來的緣故。一種是因爲壽命長的緣故。因爲別箇世界上的人．都沒有這樣長的壽命．所以用功的時候．也沒有十分長久。若是根機淺薄一些的．恐怕等不到修成功壽命已經沒有了。西方極樂世界的人．壽命是無窮無盡的。千千萬萬年的修上去．那裏會有修不成功的道理呢。況且還有上邊所說種種不會退轉來的緣故麼。所以西方極樂世界．比了隨便甚麼世界都好．就爲這種道理。這是說凡夫生到了西方極樂世界．就能彀得到一生補處的地位。還有一種說法．是生到西方極樂世界去的人裏頭．有許多已經修到了一生補處的地位。像文殊菩薩．普賢菩薩．都是已經修到了一生補處的大菩薩．也都在佛前發願．要生到西方極樂世界去。可見得西方極樂世界．實在是好得了不得、所以大菩薩也都想生到那裏去。那末我們這種凡夫、還可以不趕緊發願求往生麼。若是眞能彀發這箇願心、將來自然一定會應的。又無量壽經裏頭、釋迦牟尼佛對彌勒菩薩說、在這箇娑婆世界、有六十七億不退轉的菩薩、生到西方極樂世界去。他們都是供養過了無數的佛的、就同彌勒菩薩一樣的。彌勒菩薩是一生補處的大菩薩、既然說他們同彌勒菩薩一樣、那末也都是一生補處的大菩薩了。照這樣看起來、生到西方極樂世界去的人裏頭、的確有許多已經修到一生補處的地位了。但是生到西方極樂世界去的人、上邊既然說都是不退轉的、並且還有無量無邊阿僧祇劫的壽命、那末應該都修得到一生補處的地位了。爲甚麼經裏頭、不說都是一生補處、但說是多有呢。【多有、是有許多的意思、並不是完全的意思、】這裏頭有道理的。因爲阿彌陀佛四十八箇大願裏頭、有一箇願心說道、我若是成了佛、我國裏頭人的壽命、沒有數目限止的。除了那箇人本來有旁的願心、要向他方世界教化衆生。那末要壽長、要壽短、就可以隨他的便。若是不能彀這樣的、我就不願成佛了。還有一箇願心說道、我若是成了佛、旁的世界裏頭的許多菩薩．若是生到我的國裏頭來．一定能彀修到一生補處的地位的。除了他自己本來有旁的願心．要到旁的許多佛國裏頭去．修種種的功德．教化衆生。那末要去就去．也可以隨他的願。若是不能彀這樣的．我就不願成佛了。因爲阿彌陀佛有這樣兩箇大願心．所以生到西方極樂世界去的人．或是因爲自己本來有旁的願心．不要永遠住在西方極樂世界。或是在西方極樂世界．得到了些好處．等不得修到一生補處的地位．就到旁的佛國裏頭去修了。都可以隨便各人自己的意思的。那末在西方極樂世界裏頭修的人．就不一定都是得到一生補處的地位的了。所以這一生補處．只說多有．不說都是．就因爲這箇緣故。還有一層．照上邊無量無邊聲聞弟子．皆阿羅漢．兩句經文看起來。可見得生到西方極樂世界去的．不全是一生補處的大菩薩．還有許多聲聞在裏頭哩。這也是不能彀說都是．只能彀說多有的緣故。但是已經修到了一生補處的菩薩．也都要生到西方極樂世界去。所以往生的．自然多了。像上邊所說娑婆世界有六十七億不退轉的菩薩。要生到西方極樂世界去。一箇世界已經有這許多的一生補處的大菩薩．生到那裏去．那末十方無窮無盡的世界裏頭．一定也都有這樣的大菩薩．生到西方極樂世界去的了。那還可以算得淸他們的數目麼。何況還加上了生到那裏去的凡夫．也慢慢的修到了大菩薩的位子．那自然更加沒有數目可以算得淸了。〇這一段．是說凡夫生到了西方極樂世界去的．漸漸的修上去．一直補著佛位的很多．並且已經修到了一生補處的大菩薩．願意生到那裏去的也多得了不得。

舍利弗．衆生聞者．應當發願．願生彼國。

【解】佛又叫舍利弗道．衆生聽到了上邊所說西方極樂世界這樣許多了不得的好處．應該都要發出願心來．情願生到西方極樂世界去。

【釋】上邊所說西方極樂世界的依報、正報．種種了不得的好處．生到那裏去的人．都可以得著這樣的好處。所以凡是聽到過這樣許多好處的人．都應該要發出大願心來．情願生到西方極樂世界去。這是佛第一次勸人。因爲要想生到西方極樂世界去．有三種最要緊的事情．就是信、願、行、三種。信、就是相信西方極樂世界、的確是有的。相信西方極樂世界．的確有像這部阿彌陀經所說的種種了不得的好處。相信要生到西方極樂世界去．的確只要一心念佛．就一定能彀去的。相信念佛生到西方極樂世界去的方法．的確比了隨便甚麼方法．簡便得多．穩當得多。不可以有一些些疑惑。既然能彀相信了．就應該要發願心。情願將來壽命完了．就生到西方極樂世界去．不生到別的世界去。情願專門修念佛的方法．不修別的方法。情願拋棄了現在這箇世界上所有的種種妻兒財產．一切的東西。情願生到西方極樂世界去．見了佛．得了無生法忍．【這四箇字、下邊再詳詳細細的講、】再回到這箇世界上來．度脫無論有緣沒有緣的一切眾生。既然發了大願心．就應該要修了。行、就是實實在在的去修．就是念阿彌陀佛．【念佛的方法、這裏可以不必去細說、因為下邊解釋聞說阿彌陀佛、執持名號一節、同了末後所附的修行方法裏頭、都要詳細講明的、】求生到西方極樂世界去。這信、願、行、三件事情．譬如一只香爐三只腳．缺了一只．就擺不平的．所以一樣也不可以少的。但是三件裏頭．信同了願．更加要緊。因為能彀信．又有了願．自然會行了。還有一層．大家必須要曉得的。這箇願心的力量．是最大的．發了願心．沒有不應驗的。一箇人發了善願．將來就一定得善的應驗。發了惡願．將來一定得惡的應驗。一箇人到了差不多要死的時候．無論甚麼東西．都要丟開了．獨有這箇願心．跟了同去的。佛經裏頭．說到這種實在的事情．多得很．大家可以查看的。就像阿彌陀佛．所以能彀成佛。所以西方極樂世界．能彀有這樣的好處。都是阿彌陀佛做法藏比丘的時候．所發的四十八箇大願心．一件一件應驗的。觀世音菩薩．能彀成大菩薩．也靠了他的廣大誓願。普賢菩薩．能彀成大菩薩．也靠了他十箇大願。可見得願心的力量．是比隨便甚麼力量都大．沒有可以敵得過的。所以佛再三再四的勸人要發願心．勸人發要生到西方極樂世界去的願心。無生兩箇字．是能彀把這箇心．安住在眞如實相上邊．覺得絲毫沒有凡夫的情念．可以丟棄．也沒有聖人的見解．可以取得的意思。一切眾生．本來沒有生．也沒有滅。所以大家看見生生死死．都因爲貪、瞋、癡、種種虛的假的亂念頭太多了．就現出這種生滅的形相來。講到眞如實相的道理．的確是沒有滅．也沒有生的。說了沒有生．那沒有滅．就包括在裏頭了。所以只說無生。忍字、本來是安心忍耐的意思。現在是拿忍耐來、比那得無生忍的人．心裏頭很安舒．沒有一些念頭發生的意思。無生忍、是證得心念沒有生滅的道理的好名目。【心念沒有生滅、就是不動心的意思、】無生法忍、是因爲證得了心念沒有生滅的道理．從此就能彀見到一切法．都沒有生滅的道理的好名目。這是要眞正見到了眞如實相的道理．才能彀得這種忍。的得了這種無生法忍．就叫阿鞞跋致。永遠不會被外面的境界．迷惑搖動他的心．再退轉去的了。○這三句．是佛第一次勸聽到過依、正、兩報種種功德的眾生．要發求生到西方極樂世界去的願心。

所以者何．得與如是諸上善人俱會一處。

【解】爲甚麼勸人發願心．要生到西方極樂世界去呢。因爲能彀同了這樣許多最上等的善人．都聚會在一塊兒的緣故。

【釋】如是兩箇字．就是指上邊所說過的無窮無盡的聲聞菩薩．同了許多一世就補到佛位的大菩薩。因爲西方極樂世界．都是這種最上等的善人。若是發了大願心．生到了那裏去。就可以同他們天天聚會在一塊兒了。上邊所說生到了西方極樂世界去的衆生。都可以不退轉來。就因爲同了這些上等的善人天天在一塊兒的緣故。因爲有些世界。有畜生、餓鬼、地獄的。有些世界。就是沒有畜生、餓鬼、地獄。但是有善人。就有惡人。有些世界。雖然只是善人。沒有惡人。但是不一定都是最上等的善人。只有西方極樂世界。都是最上等的善人。天天同了他們在一塊兒。這箇人還有不一心向上的麼。況且一箇平常的凡夫。只消生到了西方極樂世界去。就可以同了這些大阿羅漢、大菩薩。天天聚在一塊兒。不是靠了阿彌陀佛的大願大力。有這樣的好福氣麼。所以無論甚麼世界。沒有比西方極樂世界更加好的了。怎麼可以不求生到西方極樂世界去呢。○這三句。是說所以勸人發願生到西方極樂世界去的緣故。

舍利弗。不可以少善根、福德、因緣。得生彼國。

【解】佛又叫舍利弗道。要生到西方極樂世界去。一定要有因緣的。善根。同了福德。就是生到西方極樂世界去的因緣。但是善根少。福德少。就不能彀生到西方極樂世界去了。

所以善根要培養得多。福德也要積聚得多。【善根同了福德兩種解釋、下邊會詳詳細細講明白的、】

【釋】修到西方極樂世界去．要信、願、行、三種完全了．才能彀成功．上邊不是已經說過的麼。但是這箇行字．還有正行、助行、兩種分別。正行、是行的主腦．行的根本。助行、是幫助正行成功的。正行、就是發菩提心．同了念阿彌陀佛的名號。發菩提心．就是發道心。就是發信佛的心．發求成佛的心．發度脫十方世界眾生的心。既然發了這樣的大願心．就應該切切實實的修。專門念阿彌陀佛的名號．就是切切實實的修。要想生到西方極樂世界去．就應該要專門念阿彌陀佛。【這箇緣故、下邊一節裏頭、會詳細講明白的、】所以發菩提心．同了念佛．叫做正行。所說的善根．就是指這種正行。不照這種正行修．就是沒有善根。修行人若是只想自己修得好．自己可以免除生生死死．不發菩提心．度脫十方世界的苦惱眾生。將來只可以成功小乘．就是少善根。助行、就是孝養父母．念經拜佛．修六度、十善．受持禁戒．【受字、是領受在心裏頭、持字、是依了方法去做、】救濟窮人．戒殺放生．一切善事都要盡自己的力量．認眞去做。一切惡事．完全不做。再把做的這些善事．都回向到西方極樂世界去．【回向兩箇字、下邊會講明白的、】叫做助行。所說的福德．就是指這種助行。不照這種助行修．就是沒有福德。修了不回向。將來不過得到天上、或是人的世界上的好報應．就是少福德。要生到西方極樂世界去．一定善根要多培養．福德也要多積聚．才能殼去得成功．所以說不可以少的。因緣兩箇字．前邊已經大略講過的。不論甚麼事情．都要有因緣的。生到西方極樂世界去．自然更加要有因緣了。因、本來是根本的意思．是種子的意思。緣、本來是幫助的意思。這裏的善根．就是生到西方極樂世界去的因。福德、就是生到西方極樂世界去的緣。回向、就是不論做了甚麼大小功德事情．都把他回過來．歸向到求往生西方極樂世界上去．我們修行的人．隨便做了甚麼功德．就應該隨時回向。回向有方法的．必定要另外念一種回向的文。照了文裏頭的意思．發求生到西方極樂世界去的願心。不是單單把文字讀一遍．就可以算回向的。回向的文．種數很多．下邊修行方法裏頭有的．看下去就曉得了。○這兩句．是說要多善根、多福德的人、才能彀生到西方極樂世界去。

舍利弗、若有善男子善女人、聞說阿彌陀佛、執持名號、若一日、若二日、若三日、若四日、若五日、若六日、若七日、一心不亂。

【解】凡是信佛的男子、都可以叫善男子。信佛的女人、都可以叫善女人。若是有善男子、善女人、聽到有人說起阿彌陀佛的名字、就念起阿彌陀佛來。或是一日、或是二日、三日、或是四日、五日、六日、七日。念到他一箇心、專門在佛上邊。一些些不夾雜別種亂的念頭在裏頭。

【釋】所說的男子女人、連出家人、在家人、六道眾生、只要有緣的、都包括在裏頭。但是爲甚麼都稱他們做善男子、善女人呢。因爲一箇人能彀聽到佛的名字、他的前生、必定有善根的、所以才有這種福氣。怎麼見得有福氣呢。要曉得凡是做一箇人、都有五種難處。第一、是人身難得。照佛經上說、要完全不犯五戒、或是修中品的十善、才可以得到人身。可見得人身是很不容易得的。但是講起發心修行來、獨有人道來得容易。因爲生在天道的人．快樂的事情多。大家貪圖了快樂．就不肯發心了。所以生在天道．倒反沒有生在人道的好。況且凡是佛出世．總是在人道裏頭現相成佛的。【現相、是現出各種的形相來、現相成佛、是現出成佛的相來、譬如釋迦牟尼佛、本來已經成了佛的、因爲要現給衆生看一箇修行的榜樣、所以特地投生做太子、慢慢的修行成佛、這就是叫現相成佛】說佛法也是在人道裏頭的時候多。所以佛經裏頭．不說天身難得．只說人身難得．就是這箇緣故。第二、是中國難生。若是生在邊地．像現在的外國．就很不容易聽到佛法了。第三、是五根難備。五根、就是眼、耳、鼻、舌、身、五種。備字、是完全的意思。這五種根．是不容易完全的。眼瞎了．就不能彀看經書。耳聾了．就不能彀聽佛法。舌壞了．就不容易念佛。身體殘缺了．就不能彀拜佛．同了做別種的一切功德。第四、是善友難值。值字、是碰到的意思。現在是末法時代．人心惡的多。只有引旁人做壞事的人多．肯勸人做善事的人少．肯勸人念佛修行的人更加少．所以叫善友難值。碰不到善人．就沒有人把佛法來勸導了。第五、是佛法難聞。有了上邊所說的四種情形．要聽到佛法．實在是不容易了。況且佛是難得出現在世界上的。有的時候．竟然一箇劫裏頭．沒有佛出世。或是幾箇劫裏頭．也沒有佛出世。照法華經上說的．一百八十劫．空過無有佛。那是沒有佛的時候．更加長久得了不得了。像現在這箇賢劫裏頭．有一千尊佛出世．眞是難得的。照現在算起來、釋迦牟尼佛正法、像法、的時代．都已經過去了。就是末法的時代．也不過再有七千多年了。過了這末法時代．就沒有佛法聽見了。直要經過許多萬萬年．到彌勒佛出世的時候．方才再有佛法聽到。那末生在這箇中間時候的人．不是就都聽不到佛法了麼。所以現在我們這些人．不要自己看輕了自己．不要自己對不住自己。我們在這箇五種難處裏頭．一樣難處也沒有．還可以不一心一意的修行麼。執持兩箇字．本來都是用手捉住捧住的意思。執持名號．就是教人常常一心一意的念佛．把這箇心常常放在佛的名字上邊。像把這箇佛的名字．用手來捉住捧住他．不放他走去的意思。念佛的方法．也很多．有出聲念的．有不出聲念的．有掐了念珠念的．有不掐念珠念的．都可以隨便．沒有一定的。還有念阿彌陀佛四箇字的．有念南無阿彌陀佛六箇字的．雖然也可以隨便．但是念南無阿彌陀佛六箇字的．就格外恭敬些．誠心些。因爲加了南無兩箇字．就有把我自己的身命．歸託給佛的意思在裏頭了。所以念起佛來．不可以只貪快貪多．只念四箇字．不加南無兩箇字。所說的一日、二日、一直到七日．一心不亂．有兩種說法。一種是第一日念佛．心還不能彀不亂。或是到了第二日．才能彀不亂。或是要到第三日、第四日、第五日、第六日、最慢的或是竟然要到了第七日．才能彀不亂。一種是只能彀六日不亂．到第七日．心就要亂了。或是只能彀五日四日。或是只能彀三日、二日。心是最難歸一的。或是只能彀一日不亂．到第二日就要亂了。倘然能彀從第一日起．一直到第七日．這箇心一些些不亂。那末這箇人的心．安定寂靜．眞是了不得了。將來一定可以生到西方極樂世界去了。但是這種亂不亂．全看念佛人的根機。根機深的、厚的．就容易些。根機淺的、薄的．就難些。沒有一定的。不過能彀把功夫用上去．就自然會漸漸不亂的。因爲功夫是可以勝過根機的．全在人自己的要好不要好了。所說的七日一心不亂．並不是在壽命快要完的時候．是指平常時候說的。平常時候．能彀做到這樣的功夫。那末到了壽命完的時候．也自然會不亂了。

【壽命完的時候、心思若是亂了、那箇關係大得了不得、下邊解釋心不顚倒一句裏頭、會詳細講明白的、】所以要勸人天天念佛．時時刻刻念佛。就因爲我們這些人的心裏頭．雜亂念頭太多。一箇念頭去了．一箇念頭又來了。那怕你一分鐘裏頭．也不曉得要起多少的亂念頭。念佛就是要收束這箇散亂念頭。使得這箇念頭．放牢在佛號上邊。佛號的念頭多一分．散亂的念頭就少一分。漸漸的用功．能彀把這念頭．都收到佛號上邊去。旁的念頭．一些也沒有了．那就叫做一心不亂了。念佛的人．最好是用心聽自己念佛的聲音。要一句一句的聽得淸淸楚楚．一箇字也不放他混過去。照這樣的念法．自然心就容易歸一。旁的念頭、起不來了。這是修一心不亂的最好的方法．大家可以學得的。平常時候．果眞能彀做到了一心不亂。那末到了臨終的時候．就可以一心都在佛的身上。別種雜亂念頭．一齊不起。就可以感動佛來接引到西方極樂世界去了。就是根機差些的人．沒有能彀念到一心不亂．也只要有眞正的信心．切實的願心．至誠懇切的念。再能彀隨便甚麼惡事．一些不做。隨便甚麼善事．都認眞做。還要一心決定要生到西方極樂世界去。不起死了去做鬼的念頭。也不起下一世再做人的念頭。那末到了臨終的時候也可以承蒙佛來接引到西方極樂世界去的。切不可說我還沒有到一心不亂的地步．不能彀生到西方極樂世界去．就去求下一世的福報．【福報、就是有福的報應】那就大錯特錯了。【求福報所以要算錯的緣故、在下邊解釋我見是利一節裏頭、會說明白的、】一箇人若是能彀到一心不亂的地步．就決定可以生到西方極樂世界去了。就是沒有到一心不亂的地步．只要能彀有切實的信心願心．也可以生到西方極樂世界去的。不過覺得喫力些．並且所生的品位．比了那一心不亂的人．要低得多了。這一部阿彌陀經說行持的方法．【行、就是修行、持、就是依了方法去做、前邊已經講過的、】最要緊的地方．就是在這箇一心不亂四箇字上邊。〇這一段．是說念佛要念到一心不亂的地步。

其人臨命終時．阿彌陀佛與諸聖眾、現在其前．

【解】那箇念佛的人．差不多要死的時候。阿彌陀佛．同了許多的菩薩．都顯現在他的面前來了。

【釋】念佛的人，眞能彀念到一心不亂。那末這箇人，到了差不多要壽命臨終的時候。阿彌陀佛，同了觀世音菩薩、大勢至菩薩，還有許多的菩薩聲聞，許多天上的人。都會顯現在這箇人的面前的。並且阿彌陀佛手裏頭，還拿了念佛人起初念佛的時候，七寶池裏頭所生出來的一朶蓮華，來迎接他這箇人的心識，【心識兩箇字、在前邊解釋共命之鳥的小註裏頭、已經說明白過的、】就託在這箇蓮華裏頭，生到西方極樂世界去了。但是阿彌陀佛，同了觀世音、大勢至、兩位大菩薩，也要看這箇念佛人的功行的，倘然功夫深，道行高，能彀得到上品中品生的，那末佛同了菩薩，親自來迎接的。若是下品生的，那末只有化出來的佛，化出來的觀世音菩薩，大勢至菩薩來了。一箇人到了臨終的時候，最是緊要關頭。平常時候所造的善業惡業，都在這箇時候，同你算帳。所說的萬般將不去，惟有業隨身，就是一箇人到了臨終，隨便甚麼東西都拿不去。只有這種善業惡業，跟牢了你的。照這樣說起來，可怕不可怕呢。一箇人還做得惡事麼。念佛修行有功德的人，臨終的時候，就有佛同了菩薩來迎接。若是造惡業的人，那末就有刀山、劍樹、牛頭、馬面，種種地獄的惡形像現出來了。所以有些人臨死的時候。面上露出種種驚嚇的形狀來。就是這箇緣故。你想一箇人只要一心念佛等到臨終的時候。就有佛同了菩薩來迎接他。這種事情便宜不便宜呢。這也是阿彌陀佛發的大願心裏頭有一箇願說道。我若是成了佛十方世界、有發菩提心修種種功德情願生到我國裏頭來的衆生。他臨終的時候。我同了許多菩薩聲聞等都在他的面前顯現出來。阿彌陀佛發了這箇大願心才成功了佛的。所以念佛求生到西方極樂世界去的人。臨終的時候。阿彌陀佛一定同了許多菩薩聲聞等去迎接他的。〇這一段是說念佛求生到西方極樂世界去的人到了臨終的時候。阿彌陀佛同了菩薩都會顯現到他的面前來的。

是人終時。心不顚倒。卽得往生阿彌陀佛極樂國土。

【解】這箇人到了命差不多要絕的時候。一定心裏頭淸淸楚楚。不會顚顚倒倒的。一定立刻就能彀生到阿彌陀佛的西方極樂世界去的。

【釋】上邊說臨命終時。是說差不多要臨終的時候。這裏說是人終時。竟是命絕氣斷的時候了。一箇人到這箇時候。倘然平常時候不修的．這箇心就一定亂得很．糊糊塗塗．昏昏沈沈一些也捉摸不住了。應該墮落到地獄道去的．看見了刀山劍樹．當他做很好的花園。應該墮落到畜生道去的．看見了驢馬的胎．當他做很大的房屋。顛顛倒倒．不知不覺．就進去了。平常時候．念佛念慣的．沒有惡業的。到了斷氣的時候．心思清清淨淨．安安定定．一心想生到西方極樂世界去見佛。自然就會到那阿彌陀佛來迎接的時候．拿的那朶蓮華裏頭．跟隨了阿彌陀佛一同去的。即得兩箇字．就是立刻能彀得著的意思。有的人說道．西方極樂世界．隔開我們這裏有十萬億箇佛世界。這樣的遠。就是走幾千萬年．恐怕也還走不到。怎麼能彀立刻就生到那邊去呢。要曉得一箇人的心量．雖然有限制．不能彀像菩薩那麼大．但是已經很不小了。所有十方世界．完全在自己的心裏頭。所有種種的形相．都是從自己心裏頭．現出來的。所以那怕隔開得再遠些．只要心一動．就已經到了那邊了。譬如一箇人．從前出過遠門的．現在想起那箇地方來．心裏頭就清清楚楚的．像在眼前的一樣。還有從前的書裏頭．說有人做夢．覺得到了一箇地方去．看見種種東西。後來隔開了多少時候。眞會尋到那箇地方。同夢裏所看見的。竟然一些也沒有兩樣。可見得那箇做夢的人。實在是到過那箇地方去的。往生的人。同這兩種情形。差不多的。要曉得一箇人的身體。都是前世的業報。念佛是一種淸淨的業。修了這種淨業。到了後世。就自然應該受淨土的福報。【淨土、是淸淨的國土、就是西方極樂世界、】況且還靠了阿彌陀佛的願力。來接引他。所以只消動一動念頭的功夫。就能彀在西方極樂世界現出相來。這就叫做往生西方極樂世界。並且一箇人到了斷氣的時候。他家裏頭的人。萬萬不可以狂喊亂叫。高聲大哭。使得這箇人的心思。有一些些的擾亂。因爲這箇人。看到了家裏頭人悲傷的樣子。聽到了哭喊的聲音。功夫差一點的。就要動起情愛來了。一動了情愛。有一些捨不得、放不下的意思。那心就要亂了。念頭就要顚顚倒倒了。西方極樂世界。就要去不成功了。這箇是最要緊。最是錯不得的。所以人家家裏頭。若是碰到了有要臨終的人。最要緊的。是大家要幫助他念佛。並且要高聲念。使得他聽得到。那末這箇人的心思。就完全在念佛上邊了。就不會散亂了。不會顚倒了。西方極樂世界。

就可以去得成功了。就是氣已經斷了．身體還沒有很冷的時候．若是哭的哭．喊的喊．他還是聽得到的。聽到了．也還要心亂的。一定要等到他身體冷透了．才可以哭。凡是做兒女媳婦的人．能彀幫助他的上輩生到西方極樂世界去．才算是眞正的大孝。這箇功德．大得了不得。若是不明白大道理．只曉得盡我們這箇世界上一些些的假面子。害得他上輩不能彀生到西方極樂世界去．那就是眞正的大不孝了。這箇罪過．也是大得了不得的。這一出一進的關係．實在是很大很大的。還有一層．也一定要曉得的。一箇人氣剛斷．還沒有冷的時候．雖然說是已經死了。但是他的靈性．還沒有去得遠。他的身體上．碰不得的。因爲碰著了．是很難受的．他還覺得著的。覺著了難受．他口裏頭雖然不會說了。但是他心裏頭．一定是很發火的．很怨恨的。那剛剛死的人．一發了火．一動了怨恨心。就不但是一定不能彀生到西方極樂世界去．還恐怕要墮落到毒蛇惡獸那邊去哩。所以一定要等到他的身體冷透了．才可以去揩他．搬動他。或是替他換衣服。這也是很要緊的．不可以不牢牢記著的。若是時候長久了．屍身的臂同了腿硬了．不能彀把他灣曲轉來、穿衣服上去。可以用熱水手巾、搭在臂灣腿灣裏頭。只消過一刻、就會發軟了、好穿衣服了。○這三句、是說到了臨終的時候、心思很定的。就立刻能穀生到西方極樂世界去。

舍利弗、我見是利、故說此言、若有眾生、聞是說者、應當發願、生彼國土。

【解】佛又叫舍利弗道。我看見只要一心念佛、就可以生到西方極樂世界去的大利益。所以說一心念佛的話、若是有聽到我這種話的眾生、就應該要發願心、情願生到西方極樂世界去。

【釋】是利、兩箇字、是指上邊一心念阿彌陀佛、就可以生到西方極樂世界去的利益、利益有兩種的分別。一種叫自利、是自己得著利益。就是生到西方極樂世界去了、慢慢的修上去、就可以補到佛位。一種叫利人、是使得旁人有利益。就是生到了西方極樂世界去、見了佛、得了道、再回到我們這箇世界上來、度脫眾生、一同到西方極樂世界去。佛因爲看見生到了西方極樂世界去、有這樣兩種的大利益．所以勸說人一心念佛的話。盼望衆生聽到了這種話．箇箇都發出大願心來念阿彌陀佛．求生到西方極樂世界去。但是我們要曉得既然說生到了西方極樂世界去有這樣大的利益。反轉來說．就是不生到西方極樂世界去．就沒有利益．只有禍害了。既然不生到西方極樂世界去．就沒有利益．只有禍害。那還可以不趕緊的拚命念佛．求往生麼。【這箇沒有利益、只有禍害的緣故、下邊就會說明白的、】譬如有兩樣東西在這裏．一樣是很好的．一樣是很壞的。隨便你甚麼人．自然拿好的．決沒有拿壞的。那末現在有兩箇世界。一箇是很好的西方極樂世界．一箇是很苦的我們這箇娑婆世界。還有不想快快生到西方極樂世界去的麼。還有捨不得丟開這箇娑婆世界的麼。況且不生到西方極樂世界去．要想在我們這箇世界上修行．那就不曉得要修到那一世才會修得成功哩。因爲我們這箇世界上．壽命既然短得很．照現在時候．平均算起來．活到七十歲．已經算是長壽了。【因爲現在正是減劫的時代、照算起來、人的壽命、只應該有七十歲、】況且一天一天過下去．將來的壽數．

還要更加短下去哩。又沒有親看見佛、親聽到佛說法。也沒有許多菩薩、聲聞、天天在一塊兒。現在又是末法時代。邪魔外道。【外道同了邪魔、有分別的、邪魔、是有害人的意思的、外道、不過他們的知識見解、是不正當的、凡是不合佛法修行的、都可以叫做外道、】引誘人走到迷路上去的。這種人到處都是。我們這些人的根機、又都是很淺薄的。那裏就會得到眞正的佛法。就在這一世上修成功呢。佛說過的末法時代。就是有億億人修行。也難得有一箇人能彀修成功。只有念佛求生到西方極樂世界去。才能得免了這生生死死的苦。所以除了這箇念佛方法。求生到西方極樂世界去。無論用甚麼方法。要在這一世上修成功。終是來不及的。若是到了下一世。就不曉得生到甚麼地方。那一道裏頭去了。又像上邊所說過的五種難處。也不曉得能彀免去不能彀免去哩。若是不能彀免去。那末要修也很難很難了。倘然墮落到了三惡道去。那就不曉得那一世才能彀得著人身哩。你們不要說我這一世不做甚麼惡事。下一世不會墮落到三惡道去的、要曉得一箇人的受報應。不一定受前一世的報的。報應有近報遠報的分別。或是報前一世。

或是報前二世、前三世、前十世、前二十世．都說不定的。你們保得住前生、前前生、都沒有做過惡事麼。就算下一世不墮落到三惡道去．或竟然得到了好報應．做極快活的人．但是越快活越容易造業。越有權勢錢財．造起業來．越大越厲害。那末再下一世、決定要受不得了的苦報應了。所以前邊說不生到西方極樂世界去．就沒有利益．只有禍害．就是這箇緣故。何況下一世保不住一定不墮落到三惡道去哩。細細想來．實在可怕得很。所以我們現世既然得了人身．又曉得了念佛求生到西方極樂世界去的、最簡便、最穩當、的方法．萬萬不可以錯過這種機會．不趕緊求生到西方極樂世界去的。因為機會難得．一錯便千生萬劫．難碰著了。只看要修成了佛的．那一尊佛．不是修了好多劫數的年代．才成功的。就像釋迦牟尼佛．也是修了三大阿僧祇劫．才成了佛的。等到做印度太子的時候．是已經修成了佛．再來現生說法的。【現生、是現出這種投胎到世界上來做人的相、】並不是真正只有幾十年．就修成功的。所以現在靠了阿彌陀佛的大願心．有了這箇念佛求生西方極樂世界去．一世就可以補到佛位的好方法。佛就再三再四的勸我們。我們若是不聽他．就很對不住佛的一片很好的心了。這箇罪過．也就不小了。因爲別種方法修行．一定要修到了惡業消滅盡了．各種微微細細的迷惑都破得乾乾淨淨了．才能彀修成功。現在所講的念佛求生到西方極樂世界去的方法．可以帶了業去的。一到了西方極樂世界去．得著了宿命通．曉得了前世造的罪業。只要在阿彌陀佛面前．自己認了罪．誠心的懺悔．就都可以消去的。況且照觀無量壽佛經上說．若是誠心念佛．就是念了一聲南無阿彌陀佛．已經可以消去八十億劫生死的重罪。何況是天天念佛呢。還有一層．也不可以不曉得的。我們這些人．在六道裏頭．出出進進．不曉得多少次數了．那裏會沒有業呢。若是眞沒有業的．怎麼還會在這箇世界上．做人受苦．不在西方極樂世界受快樂呢。這是佛第二次勸人發願．求生到西方極樂世界去。○這一段．是說佛看見了上邊所說的種種利益。所以說這箇專門念阿彌陀佛的方法．勸人發一心念佛求生到西方極樂去的願。

舍利弗．如我今者．讚歎阿彌陀佛不可思議功德之利．

【解】佛又叫舍利弗道。像我現在所以讚揚歎美阿彌陀佛。因爲他有無量無邊的功德。像前邊所說種種功德的利益。眞是想也想不到。說也說不完哩。

【釋】讚、是讚揚。歎、是歎美。【美、就是好。歎美、就是讚他好的意思。】釋迦牟尼佛。所以讚揚歎美阿彌陀佛的緣故。因爲阿彌陀佛。有像上邊所說的種種大功德。大利益。所以釋迦牟尼佛。爲了我們一切衆生。說這箇念佛求生到西方極樂世界去的方法。這箇方法。實在是少有的。實在是不容易聽到的。聽到了實在要感激阿彌陀佛的恩德的。所以又要稱讚。又要感歎。不可思議。就是不是可以用心思想得到的。不是可以用說話講得完的。是說這箇一心念佛的功德。所得著的利益。又大又多。這樣功德的利益。實在不是平常所有的利益。所說功德兩箇字。包括得很多。上邊說過的種種依報、正報。同了一心念佛。就可以生到西方極樂世界去。不會退回轉來。一直可以補到佛位的種種功德。都包括在裏頭。○這兩句。是說佛自己讚歎阿彌陀佛了不得的功德。

東方亦有阿閦鞞佛、須彌相佛、大須彌佛、須彌光佛、妙音佛、如是等

恆河沙數諸佛。

【解】在這箇娑婆世界的東面。有無窮無盡的世界。那些世界裏頭的佛。像阿閦鞞佛等。不曉得有多少。像那恆河裏頭的沙。數也數不清的。

【釋】阿彌陀佛的功德。最大最多。不獨是釋迦牟尼佛稱讚歎美。就是各方世界的佛。也都稱讚歎美的。東方世界。有數也數不清的許多佛。也都稱讚歎美阿彌陀佛的功德。阿閦鞞佛的阿閦鞞、三箇字。是梵語。照中國的解釋。就是不動。佛的法身。是不生不滅的。永遠不會變動的。阿閦鞞佛的名字。就是取這箇意思。他的世界。叫歡喜世界。同了西方極樂世界。差不多的。但是歡喜世界的人。雖然也是從各種華裏頭生出來。雖然也沒有婬欲的事情。究竟還有男女的形像。所以沒有西方極樂世界的好。須彌相佛。是說佛相的種種好處。都是從福德智慧兩種上顯出來的。譬如須彌山。是四種寶貝合成功的。大須彌佛。是說佛的福德大。智慧大。沒有可以同他比的。像須彌山高過七金山一樣。須彌光佛。是說佛的光。能彀照到遠處地方。借這箇須彌山來、比喻佛光的大。妙音佛。是說佛的聲音微妙、能彀使得聽佛說法的衆生、都得著種種的利益。既然說東方的佛、多到數不清楚。爲甚麼只提出五尊佛的名號呢。這是同了上邊一千二百五十箇大弟子、只提出舍利弗等十六位來、一樣的意思。恆河、是印度地方的一條很大的河、有四十里路的濶。佛說法的地方、離開這條河很近的。這條河裏頭的沙、比了別條河裏頭的沙、格外的細。格外的多。所以佛要比喻多的地方、都是用恆河的沙來比的。東方的佛、有像恆河裏頭的沙、這樣的多、那還有數目能彀說麼。○這一段、是說東方佛的多。

各於其國出廣長舌相徧覆三千大千世界、

【解】上邊所說的許多佛、各佛各在他們自己的佛世界裏頭、現出他們又濶又長的舌的形相來、把三千大千世界、一齊遮蓋起來。

【釋】一尊佛、管理一佛土、就是一箇大千世界。所以叫各佛在各佛自己的世界裏頭。佛的身體、可以大、也可以小。小的不過一丈六尺、就是所說的丈六金身。照觀無量壽佛經上說、也有現八尺的形相的。這都是現給凡夫同了緣覺、聲聞、看的。若是大的、那就充滿在虛空裏頭，同虛空一樣的大。並且一尊佛的身體，可以充滿在虛空裏頭。十尊佛身百千萬億無窮無盡的佛身，也可以各各充滿在虛空裏頭，大家聚在一塊兒，並且大家各不相礙的。因爲佛的法身，就是那不生不滅的眞實心。心量是最大的，但是沒有形相的。楞嚴經上，佛對阿難說。要曉得虛空在你的心裏頭，像一片雲在太淸裏頭一樣。何況所有的許多世界，還完全在這虛空裏呢。看了這幾句話，就可以曉得心的大，也就可以曉得佛的法身的大了。佛的法身，既然沒有形相的。自然大家聚在一塊兒，就不會大家相礙了。譬如一間房屋裏頭，點了許多的燈，那各盞燈的光，都是照滿這間房屋的。燈光同燈光，儘管多得很，一些沒有相礙的。所說的一切佛的法身，是一箇法身，就是這箇意思。所以佛的法身，同了我們凡夫的身體，是不同的。若是講起眞實的道理來，就是我們現在的身體，也不能彀說是一定有形相的。只要想那些學邪術的人，有一種叫隱身法。能彀把身體隱沒了，一些形迹也沒有。還有一種遁法，能彀穿過牆壁去，沒有阻隔。可見得一箇人的身體，實在也可以說是空的。倘然不是空的，眞有堅硬的東西，那末怎麼能彀隱沒．怎麼能彀穿過牆壁呢。能彀穿過牆壁．實在連了這牆壁．也可以說是空的．說是沒有質地的了。所以佛經裏頭說．凡有看得見的各種形相．都是不眞實的。這層道理．大家也應該明白的。還有一層．佛的法身．雖然是說沒有形相的。但是也能彀現出種種的形相來的。觀無量壽佛經上說．或者現出大的身體來．就充滿在虛空裏頭．或者現出小的身體來．就是一丈六尺．或是八尺。要現大就現大．要現小就現小．都可以的。廣長舌相．是東方各世界的佛、要使得他們本國的眾生．大家都相信釋迦牟尼佛所說的這部經。所以顯大神通．現出徧覆三千大千世界的廣長舌來．盼望他們本國的一切眾生．看見了這種舌的形相．又聽見佛勸他們相信．就大家都相信領受．依了佛所勸的話去做．沒有一些疑惑的念頭。徧字、是周徧．就是各面都到的意思。覆字、是遮蓋的意思。徧覆、就是沒有一處不遮蓋到。口業淸淨的人．舌一定長的。凡夫若是三世不打妄語．舌可以長過鼻尖。佛歷來都沒有妄語的。況且是爲了囑付眾生．要他們相信這第一等最圓滿、最爽快、的好方法．所以顯現的大神通．那末這箇舌．自然大得了不得．可以遮蓋到三千大千世界了。就是現丈六金身的佛。平常不顯神通的舌。也可以遮蓋過面孔。一直到頭髮邊哩。

○這一段。是說東方各世界的許多佛。現出又大又長的舌相來。

說誠實言。汝等眾生。當信是稱讚不可思議功德、一切諸佛所護念經。

【解】東方各世界的佛。說誠誠實實的話道。你們這些眾生。聽到稱讚這種心思想不到。說話講不了的功德。並且所有一切佛。大家都保護、都記念的經。應該都要相信。不可以有一些疑惑的。

【釋】汝等兩箇字的解釋。就是俗話裏頭的你們。當信是的是字。就是指這部阿彌陀經。稱讚這不可思議功德、一切諸佛所護念經、十六箇字。就是這部阿彌陀經原來的名目。鳩摩羅什法師。所以改叫做佛說阿彌陀經。有兩箇緣故。一箇緣故。是要人常常聽到佛的名字。一箇緣故。是字數少。容易對人說。也容易使得人家記牢。這箇發起信心、願心。專門念阿彌陀佛。求生到西方極樂世界去的方法。實在是十方三世、【三世、是過去世、現在世、未來世、凡是已經過去的時代、都叫做過去世、現在的時代、就叫做現在世、後來的無窮無盡的時代、都叫做未來世、】一切的許多佛。向上一邊說．自己修成功佛道。對下一邊說．教化一切眾生。從起初發心修行．直到後來究竟成佛的最最高、最最好、的第一等方法。所以釋迦牟尼佛說了這部經．東方一切的許多佛．各各現出廣長舌的相來．表明白這箇方法．是可以相信的。再同他們自己世界裏頭的．不論是聖人．是凡人．一切的眾生說．你們都應該相信釋迦牟尼佛所說的這部經。因為那些在法會裏頭的大眾．【法會、是講佛法的會、】若是已經修到了聖人的地位的．那是他方各世界許多的佛、所勸導的話。都能彀完全清清楚楚聽得到的了。就是沒有修到聖人地位的那些凡夫．聽不到他方各世界許多佛勸導的話。但是他們各人自己世界裏頭的佛．也都勸導他們相信。那自然無論聖人凡夫．都能彀照了這箇方法去修了。這樣看來．這種念佛求往生西方極樂世界的方法．實在是最合眞道理．最合上等、中等、下等、各種根機的方法。若再不相信．就很得罪各方世界的許多佛了。上邊釋迦牟尼佛的讚歎．是讚歎阿彌陀佛。這裏各方佛的讚歎。是讚歎這部經。護念兩箇字。是保護記念的意思。凡是念佛的人。阿彌陀佛常常在他的頭頂上保護他的。又念佛的人。阿彌陀佛常常記念他們。接引他們到西方極樂世界去的。現在說到各方的佛。那是不但是阿彌陀佛護念了。各方無窮無盡的佛。也都來護念了。我們這些人。還可以不趕快的依了這部經裏頭所說的方法。生出信心來。發起願心來。念阿彌陀經。念阿彌陀佛。求生到西方極樂世界去麼〇這一段是東方各佛。稱讚這阿彌陀經。勸衆生相信。

舍利弗。南方世界。有日月燈佛、名聞光佛、大燄肩佛、須彌燈佛、無量精進佛、如是等恆河沙數諸佛。各於其國。出廣長舌相。徧覆三千大千世界。說誠實言。汝等衆生。當信是稱讚不可思議功德、一切諸佛所護念經。

【解】佛又對舍利弗說道。在我們這箇世界的南面。也有無窮無盡的世界。無量無邊的佛。也都懇懇切切的。勸他們本國裏頭的一切衆生。都要相信這經。

【釋】日月燈佛．是譬喻佛的智慧．能彀破去根本的無明。就像那日光、月光、燈光．能彀照到一切地方消滅那黑暗的景象一樣。名聞光佛．是說佛的名聲大．可以使得十方一切的世界上．都聽見。像那極明亮的光一樣．能彀照到遠處地方。大燄肩佛的燄子．是火光。肩、是左右兩箇肩膀。借他來顯明白佛的兩種智慧。一種是方便的智慧。【這一句、就是佛書裏頭所說的權智兩箇字、凡是佛講經說法、實在都是方便、就衆生的根機、對甚麼人、說甚麼話、使得他們相信佩服、走進佛法的門裏頭去、慢慢的可以度脫他們、】一種是眞實的智慧。【這一句、就是佛書裏頭所說的實智兩箇字、講到佛法眞正的理、實在是不可思議的、說起來、總不免落到偏的一邊、只有用這箇眞實的智慧去覺悟的、】用這箇兩種智慧擔當去做一切的佛事．所以說是肩。智慧能彀照破無明．譬如像火的光．所以說是燄。佛的智慧最大．所以得這大燄肩的名號。須彌燈佛．是說燈火像須彌山一樣的高大。這也是比喻佛光能彀照到極遠的意思。無量精進佛的無量兩箇字．有兩種道理。一種是說修行經過的時候長久．得沒有限量。同了上邊菩薩裏頭．常精進的名號．

差不多的意思。一種是說所做的事情沒有限量。那是讚歎佛的自利利他的功德。如是等恆河沙數諸佛各句的解釋．同了前一節都是一樣的．可以不必再解釋了。○這一段是說南方的許多佛也都稱讚這阿彌陀經．勸衆生相信。

舍利弗．西方世界．有無量壽佛、無量相佛、無量幢佛、大光佛、大明佛、寶相佛、淨光佛．如是等恆河沙數諸佛．各於其國．出廣長舌相．徧覆三千大千世界．說誠實言．汝等衆生．當信是稱讚不可思議功德、一切諸佛所護念經。

【解】佛又對舍利弗說道。在我們這箇世界的西面．無窮無盡的各世界裏頭的佛．也都勸他們本國裏頭的一切衆生．要相信這經。

【釋】無量壽佛．同了阿彌陀佛同名的。你們要曉得十方世界．同名號的佛也多得了不得．不是數目可以算得清楚的。若是當做就是阿彌陀佛．不免太呆板了。因爲一尊佛．就可以有無數的名號。一個名號．也可以有無數的佛。這也是不可以不曉得的。無量壽佛的名字．在前邊解釋彼佛壽命一句裏頭．已經詳細講過了的。這裏不必再講了．無量相佛．是說佛種種形相的好．沒有限量。就像觀無量壽佛經上說．阿彌陀佛．有八萬四千種相。一種一種的相裏頭．又各有八萬四千種的隨形好。【隨形好、是跟隨在這箇形相上的好、每一種形相裏頭、還各有八萬四千種連帶的好相、】一種一種的隨形好裏頭．還各有八萬四千種的光。實在也可以稱他是無量光的。無量幢佛的幢字．同了旛差不多的．都是把他來做引導用的。不過旛是扁的．幢是圓的．或是六角的．八角的．豎起來很高的。借他來比喻佛的功德高大。幢的數目無量．就是表示佛的功德無量．大光佛．是說佛光最大．沒有一處照不到的。大明佛、是說佛用了大智慧．破除一切的無明迷惑。沒有了無明．那就是大明了。寶相佛、是說佛的形相好．比衆不同的．像是各種的寶貝。還有一層．佛經裏頭．常常拿寶貝來稱讚佛相的。像佛眉心中間的白毫相．說他是像玻璃筒．這就是所說的寶相了。淨光佛、是說佛的光明．圓滿淸淨。被這種光照到的人．就能彀得著身心淸淨的利益。下邊的幾句．仍舊同前面一樣解釋的。〇這一段．是說西方的許多佛．也都稱讚這阿彌陀經、勸衆生相信。

舍利弗、北方世界、有燄肩佛、最勝音佛、難沮佛、日生佛、網明佛、如是等恆河沙數諸佛、各於其國、出廣長舌相、徧覆三千大千世界、說誠實言、汝等衆生、當信是稱讚不可思議功德、一切諸佛所護念經。

【解】佛又對舍利弗說道、這箇世界的北面、也有無窮無盡的世界。那些世界裏頭無量無邊的佛、也都勸他們本國裏頭的衆生、要相信這經。

【釋】燄肩佛、同了前面大燄肩一樣的、已經解釋過了。最勝音佛、是說佛的聲音、最好勝過所有一切的聲音。佛的聲音、總共有八種的好處。第一種叫做極好音、各種天上的人、同了聲聞、菩薩、說話的聲音、也都是好聽的、但是比了佛、終究是及不到、所以說佛的聲音、是極好的、沒有比得上的。第二種叫做柔軟音、佛是大慈大悲的、所以發出來的聲音、也是溫柔和軟的。第三種叫做和適音。和、是沒有違背的意思。適、是相當恰好的意思。佛所說的法、都是照了自己所證到的道理、依了聽法人的根性的大小深淺、替他們講演。

向上合著自己所證到的道理。對下合著聽法人現在的根機。兩面都顧著。恰好的和合適當。一些沒有根機同了教法不投機的說話。第四種叫做尊慧音。佛是一切衆生裏頭最尊貴的。佛的智慧。是最廣大的。所有發出來的聲音。能彀使得聽到的人。心裏頭都尊重他的說法。並且能彀使得聽的人。增長許多的智慧。第五種叫做不女音。佛的十箇名號裏頭。【十箇名號、在後面修行方法裏頭、會說明白的、】有一箇是叫調御丈夫。調、是敎化的意思。御、是引導的意思。丈夫、就是男人。俗語說的男子漢大丈夫。實在大丈夫三箇字。只有佛能彀說。佛的聲音。能彀使得天魔外道。【天魔、是天上的魔、】聽了都歸伏他。不像那女人的說話。一味的柔軟好聽。沒有威勢的。第六種叫做不誤音。佛的智慧。能彀見到一切事情的眞實道理。所以發出來的聲音。一定沒有一些錯誤的。第七種叫做深遠音。深、是指豎裏說的。遠、是指橫裏說的。佛的聲音。能彀使得所有十方有緣的衆生。大家都聽見。沒有上下遠近的分別。第八種叫做不竭音。不竭、就是無窮無盡的意思。佛的說法。就是只說得一句。也有想不完的許多道理。在裏頭的。佛有這八種的聲音。所以說是最勝。難沮佛的沮字、是水的名目、有流動的意思。凡夫在輪迴裏頭生生死死的不了、就像流動的水。佛是已經證了法身、永遠不會變動的了、所以說是難沮。還有一箇解釋、沮字同阻字、可以通用的。難沮、是說佛的威德神通、一切天魔外道都難阻止住他。日生佛、是譬喻佛的智慧光、能彀照到一切、像是太陽昇起來了、各處都照到的意思。若是說佛光照了、可以破自己的無明、那是自利、若是說佛光照了、可以破衆生的迷惑、那是利他。網明佛、大梵天王有一箇寶珠的網、網上有一千顆寶珠、都有光發出來的。一顆一顆珠子的光、這顆照那顆、那顆照這顆、光頭回折轉來、更加明亮得了不得。佛的智慧一切都能彀照到、像大梵天王的珠網、一樣的明亮、這也是譬喻佛的智慧的。還有幾句經、仍舊是照上邊的解釋。○這一段是說北方的許多佛、也都稱讚這阿彌陀經、勸衆生相信。

舍利弗。下方世界。有師子佛、名聞佛、名光佛、達磨佛、法幢佛、持法佛、如是等恆河沙數諸佛。各於其國。出廣長舌相。徧覆三千大千世界。

說誠實言．汝等衆生．當信是稱讚不可思議功德、一切諸佛所護念經。

【解】佛又對舍利弗說道．這箇世界的下面．也有無窮無盡的世界．那些世界的一切佛．也都勸他們本國裏頭一切的衆生．要相信這經。

【釋】師子佛的師子兩箇字．就是獅子．是野獸裏頭的王。只要他叫一聲．各種的野獸．都嚇得不敢動了。佛的說法．能穀使得一切的衆生．都相信他．佩服他。就是那天魔外道．也都歸依佛法。像是獅子降伏一切野獸的情形．差不多的。名聞佛．同了前面的名聞光佛．差不多的．已經解釋過了。名光佛．若是說佛的名聲．像那日光照到遠處一樣．那就同上邊的名聞光．是一樣的意思。若是分開來說．那末名、就是佛名。光、就是佛光。佛的大名聲．一切世界．都能穀傳得到。佛的智慧光．一切世界．也都能穀照得到。照這樣解釋．也可以的。達磨佛的達磨兩箇字．是梵語。就是中國文的一箇法字。佛自己證得了法身．再說出各種的方法來．要使得一切衆生．也都證得法身．自利利他．都在這箇法字上邊。法幢佛的幢字．有使得人家信仰的意思。【幢字、在前邊解釋無量幢佛一句裏頭、已經詳細說明白了、】佛法最高．一切的衆生．都信仰的．所以拿幢來比持法佛的持字．是拿定的意思。拿定了這種最妙的佛法．教化一切的衆生。使得他們都能彀脫離苦海．到極快樂的地方去。還有各句的解釋．仍舊同前面一樣的。○這一段．是說下方的許多佛．也都稱讚這阿彌陀經．勸衆生相信。

舍利弗．上方世界．有梵音佛、宿王佛、香上佛、香光佛、大燄肩佛、雜色寶華嚴身佛、娑羅樹王佛、寶華德佛、見一切義佛、如須彌山佛、如是等恆河沙數諸佛．各於其國．出廣長舌相．徧覆三千大千世界．說誠實言．汝等衆生．當信是稱讚不可思議功德一切諸佛所護念經。

【解】佛又對舍利弗說道．這箇世界的上邊．也有無窮無盡的世界。那些世界的佛．也都勸他們本國裏頭的一切衆生．要相信這經。

【釋】梵音佛的梵字．就是梵天。梵天的人．沒有情欲的念頭．都是清清淨淨的。所以身口、意、三種業、都淸淨的修行人、就說他是修梵行。佛說的各種方法、都是敎衆生除去一切的煩惱、使得心裏頭好淸淨。所以佛的聲音、也說他是梵音、就是取淸淨的意思。宿王佛的宿字、就是星宿。月稱星宿的王、因爲無數的星光、都比不上一箇月光的亮。所以說他是王。譬如佛在一切衆生裏頭、最尊最貴的意思。香上佛、是說佛是香中最上等的香。佛證得了五分法身的香。〔五分法身香、是說用了五種功德的香、熏出這箇法身來、所以叫做五分法身香、五種甚麼功德香呢、第一是戒香、自己心裏頭、沒有貪心、瞋心、癡心等、種種惡心、就叫做戒香、第二是定香、對了外邊的種種境界、不管他是好、是壞、是苦、是樂、心裏頭總是一些也不動、就叫做定香、第三是慧香、明白一切眞正的道理、不起一些些亂想的心、就叫做慧香、第四是解脫香、心裏頭淸淸淨淨、不去想念那一切的境界、逍遙自在、沒有阻礙、就叫做解脫香、第五是解脫知見香、旣然自己的心、不去攀緣外邊的境界、也不放他落在空的一邊、那末就應該多讀各種佛經、多看各種講佛法的書、可以加增出自己的智慧來、就叫做解脫知見香、上邊所說的、不過是就我們初學修行的人、學習那五分法身香的方法說的、若是講到佛、那是已經完全證到了法身的、他的功德的香、就不是我們凡夫能彀知道的了、〇攀緣外邊的境界、就是這箇心、攀住在外邊境界上的意思、緣字、也就是攀的意思、】就是一切的大菩薩、也都比不上佛的功德香、所以說是香上。香光佛、是說佛的功德香、能彀發出光來的。像上邊所說阿彌陀佛的光、能彀照到十方世界、沒有一些阻礙、就是因爲修了無量無邊的功德、所以能彀這樣的。一箇人能彀誠心的念佛、心裏頭自然也會有功德的香光的。楞嚴經上大勢至菩薩說過的、這箇念佛方法、叫做香光莊嚴、就是這層道理。大燄肩佛、同南方世界的燄肩佛名號相同的。雜色寶華嚴身佛、雜色、不是一種的色。寶華、不是尋常的華。嚴身、是裝飾自己的身體。譬如佛修了種種的功德、幫助成功顯出這箇法身來的意思。娑羅樹王佛、娑羅、是梵語。照我們中國的解釋、就是堅固、因爲那種樹、不論冬天夏天、總不改變的、所以說他堅固。樹王、說是樹裏頭的王。譬如佛證得了不生不滅的法身、在一切聖賢裏頭、最尊最貴的意思。寶華德佛、是說佛的種種功德、像是寶貴的華、應該歡喜讚歎的。見一切義佛、是說所有一切法的眞實道理沒有見不到的意思。如須彌山佛．須彌、是最高最大的山。佛的功德．最高最大所以說像須彌山。還有幾句仍舊是同前邊一樣的。釋迦牟尼佛．所以引東、南、西、北、下、上、六方許多許多的佛．稱讚這部阿彌陀經的話來做見證。就是要證明白這部阿彌陀經．實在是很好很好。所說的修行方法．實在是最容易所以各方無窮無盡的佛．都稱讚都勸衆生相信。那末我們這些凡夫．還可以不相信麼。這是佛要我們切切實實的相信．所以引這六方許多佛．現出廣長舌的相來．勸他們本國裏頭的衆生．都相信這部經的話．來做一箇大大的見證。我們還可以不相信麼。唐朝玄奘法師翻譯的．叫做稱讚淨土佛攝受經．實在就是這部阿彌陀經。不過翻譯的字句裏頭．稍稍有一些不同。那部經上稱讚這部經的佛．除了東、南、西、北、下、上、六方．還有東南、西南、東北、西北、的四方．總共有十方。現在這部經上．少去四方。因爲已經有了東、南、西、北、下、上、六方．可見得東南、西南、東北、西北、四方的許多佛．也一定是一樣稱讚的。所以不必一齊翻譯出來了。各方的佛．稱讚這經．實在也是阿彌陀佛的願力。因爲阿彌陀佛．做法藏比丘的時候．發的四十八箇大願心裏頭．有一箇願心說道。我若是成了佛．一定要十方世界．所有的佛．都稱讚我的名號。倘然不能彀這樣的．我就不願成佛。現在各方的佛．都稱讚．就是滿了這箇願心了。可見得一箇人．只要能彀發大願心．將來一定總會成功的。○這一段．是說上方的許多佛．也都稱讚這阿彌陀經．勸眾生相信。

舍利弗。於汝意云何。何故名為一切諸佛所護念經。

【解】佛又叫舍利弗道．你的意思裏頭．怎麼樣想．為甚麼這部經．叫做所有各方世界的許多佛．大家都保護記念的經呢。

【釋】這部經原來的名目．叫稱讚不可思議功德一切諸佛所護念經。為甚麼現在佛問舍利弗．單說一切諸佛所護念經。除去了上面的稱讚不可思議功德八箇字呢。因為不可思議功德六箇字．就是釋迦牟尼佛所稱讚阿彌陀佛的。在前邊說依報正報的許多話．就都是稱讚阿彌陀佛的種種功德．所以不必再講了。只有這一切諸佛所護念的緣故．還沒有說出來。應該也要講講明白。所以釋迦牟尼佛特地提出來問的。○這兩句．是佛要講一切諸佛所護念經八箇字．所以自己先問一句。下邊是佛自己回答解釋了。

舍利弗．若有善男子、善女人．聞是經、受持者．及聞諸佛名者．

【解】佛就自己回答解釋道。舍利弗．若是有善男子善女人．聽到了這部經裏頭所說的念佛方法．能彀領受記住的。或是聽到這許多佛的名字的。

【釋】受持、是記住了上邊所說的一心念阿彌陀佛的方法．依了去做。佛在無量壽經裏頭說道．有許多菩薩．要聽這一心念阿彌陀佛、可以生到西方極樂世界去．一世上就成功佛的方法．都還聽不到。那末聽到這阿彌陀經．實在是很不容易的。現在我們這些人．都聽到了．眞是不曉得幾世裏修來的大福氣。還可以不常常放在心上記住了．依了這箇念佛方法去做麼。華嚴經裏頭說．情願受地獄的苦．能彀聽到佛的名字。不情願生到了天上去．聽不到佛的名字。那末聽到佛的名字．也是很不容易的。現在我們這些人在這部阿彌陀經裏頭．聽到了許多佛的名字．眞正是前生有根機的。還可以不常常記住麼。〇這一段．是說凡是聽到過這部經裏頭．勸人念佛的方法．能彀依了他做的人．同了聽到過許多佛名的人。

是諸善男子善女人、皆爲一切諸佛之所護念、皆得不退轉於阿耨多羅三藐三菩提。

【解】像這樣的許多善心的男子。【這樣、就是指前邊所說的、聽到了阿彌陀經、能彀依了這箇方法去修行、同了聽到六方許多佛名的人、】善心的女人、都能彀受著所有各方一切佛的保護。並且還常常承一切佛的記念。因爲這箇緣故、那些人修行的心、就都能彀永遠不退轉來。並且漸漸的能彀得著佛的智慧了。

【釋】阿耨多羅三藐三菩提、是梵語。翻譯起中國話來、阿字、是無字。耨多羅三箇字、是上字。三字、是正字。藐字、是等字。菩提兩箇字、是覺字。合併起來說、就是無上正等正覺六箇字。若是分開來講、無上兩箇字、是最高最上的意思。正等兩箇字、是沒有邪見偏見的意思。【邪見偏見、下邊解釋五濁惡世一節裏頭、會講明白的、】覺字、是醒悟的意思。合併起來解釋、就是佛的智慧、就是成佛。因爲念佛的人、都靠託了各方世界無窮無盡的佛、保護記念的力量。所以修行的心．能彀永遠不退轉來．一直到得著佛的智慧。照這樣說法．就是這一世沒有來得及生到西方極樂世界去．究竟生到西方極樂世界去的善根．已經種好了。一定有一天可以結成功圓滿的果．可以生到西方極樂世界去．不會退回轉來的。所以這部阿彌陀經．實在是最好的經。無論是聖人．是凡夫．都要依了這箇方法去修的。〇這一段．是說上邊所說的兩種人．都能彀慢慢兒到佛的地位．不會退回轉來的。

是故舍利弗．汝等皆當信受我語、及諸佛所說。

【解】佛又叫舍利弗道。所以你們都應該相信領受我所說的話．同了許多佛所說的話。

【釋】說到汝等兩箇字．就見得不獨是勸舍利弗一箇人要相信．是勸那箇時候所有聽佛說法的大眾．同了後來世界上一切的眾生．都要相信．所以渾稱汝等。信字底下．再加一箇受字。就是勸眾生．不但是要相信．還要依了佛所說的話去做．能彀曉得念了阿彌陀佛．有想不盡、說不盡的功德。就是相信釋迦牟尼佛的說話。再能彀曉得念了阿彌陀佛、一切的佛、都保護我記念我、就是相信六方許多佛的說話。所以說了信、還要說受。因爲若然只是相信、並不肯依了佛所說要發願、要念佛、的話去做、那末同了不相信、有甚麼分別呢。譬如有人送一樣寶貝來、雖然曉得這是一件寶貝。但是並不收受、他那末寶貝是寶貝、我是我、有甚麼益處呢。這是佛第三次勸衆生發出信心來、○這兩句、是勸衆生要相信佛所說的話。要相信六方許多佛所說的話。

舍利弗、若有人已發願、今發願、當發願、欲生阿彌陀佛國者、是諸人等、皆得不退轉於阿耨多羅三藐三菩提、於彼國土、若已生、若今生、若當生。

【解】佛又叫舍利弗道。若是有人已經發願、現在發願、將來發願、要生到阿彌陀佛的西方極樂世界去的。這許多人、無論已經、無論現在、無論將來、都可以生到西方極樂世界去的。並且還能彀一直修到成佛、不會退回轉來。

【釋】所說發願、發甚麼願呢。就是發要生到西方極樂世界去的願。當字、是將來的意思。

這一段的解釋、是必須要把經的句子、倒過來講、才容易明白。說已經發願的人、已經生到西方極樂世界去了。現在發願的人、現在就可以生到西方極樂世界去的。將來發願的人、將來也一定可以生到西方極樂世界去的。說已經、現在、將來、三種時候、就見得只要發願心無論甚麼時候、沒有不能彀生到西方極樂世界去的。獨怕不肯發願心、那是沒有法了。並且生到了西方極樂世界去、就都能彀得到佛的地位、不會退回轉來的。就這一段看起來、這箇願心的力量、眞是大得很哩。○這一段、是說凡是肯發願心的人、沒有不能彀生到西方極樂世界去、得到佛的地位的。

是故舍利弗、諸善男子善女人、若有信者、應當發願、生彼國土。

【解】佛又叫舍利弗道、所以舍利弗、你要曉得、許多有善心的男子、有善心的女人、若是有信心的、就都應該要發願心、生到西方極樂世界去。

【釋】旣然發了願心、就沒有一箇人不能彀生到西方極樂世界去。所以這些善男子、善女人、只要有了信心。就應該要發求生到西方極樂世界去的願心。這是佛第四次勸衆生了。若然不是像佛這樣的慈悲。那裏肯這樣的懇懇切切。一次、二次、三次、四次的勸呢。若然生到西方極樂世界去。不是有像上邊所說過的種種好處。佛也那裏肯這樣的不怕煩瑣來勸人呢。我們這些人。還可以不信麼。還可以不趕緊的發願修行麼。若是再不肯發願修行。不要說對不住佛了。就是自己也覺得對不住自己。冤枉做了人。冤枉聽到佛法了。〇這一段。是佛末一次勸人發生到西方極樂世界去的願心。

舍利弗。如我今者稱讚諸佛不可思議功德。

【解】佛又叫舍利弗道。像我現在稱讚許多佛想不到、講不了的許多功德。

【釋】六方許多佛。各各勸他們本國的一切衆生。相信這阿彌陀經。就是六方許多佛的不可思議功德。釋迦牟尼佛。引六方許多佛各各勸衆生相信這經的話。同了說明白一切的佛。都保護記念那修行人。就是釋迦牟尼佛稱讚許多佛的不可思議功德。但是有一層。照這部經上說。是如我今者。稱讚諸佛不可思議功德。若是照玄奘法師翻譯的經本上。仍舊說是如我今者。稱讚無量壽佛。那末兩部經。比起來。不是不同了麼。這是有道理的。華嚴經上說．十方諸如來．同共一法身。既然一切的佛．法身總是一箇。那末阿彌陀佛．也可以說就是各方的許多佛。各方的許多佛．也可以說就是阿彌陀佛了。所以觀無量壽佛經上說．看見了阿彌陀佛．就是十方的佛．一齊看見了。這箇道理．就因爲一切佛的法身同是一箇的緣故。譬如天空裏頭的月．實在是只有一箇。那月的影子．照到水裏。那末海裏也有月．江裏也有月．河裏也有月．井裏也有月。那怕一只缸．一只盆．只要裏頭有水．就都有一箇月的影子了。天上的月．就譬如一切佛的法身。各種水裏頭月的影子．就譬如一切佛的應身。應身是從法身上現出來的相。就是一尊佛．也有無量無邊的應身的。像觀無量壽佛經上說．無量壽佛．化身無數。明白了這箇道理．就可以曉得一箇同了多箇．沒有甚麼分別的了。既然一箇同了多箇．沒有分別。就可以曉得一佛同了一切佛．也沒有甚麼分別了。所以說稱讚許多佛．也可以說就是稱讚阿彌陀佛。況且既然說許多佛．那末阿彌陀佛．自然也在裏頭了。所以只看兩部經的字句．像是不相同的。但是講起道理來．實在是一樣的。華嚴經上又說．心佛及衆生．是三無差別。照這兩句的解釋．

是說我們自己本來有的眞心。同了一切佛的心。一切衆生的心。說起來雖然像是三種。實在沒有高低分別的。要曉得一箇人的心裏頭。本來完全滿足無量無邊的功德。同十方三世一切的佛。是一樣的。所以有衆生就是佛的說話。只因爲衆生被那無明迷住了。不能殼覺悟。對了自己心上現出來的各種虛假的境界。認做是眞實有的。就起了種種亂念頭的心。造出種種的業來。所以常在那六道輪回裏頭。寃枉受那生生死死的苦。不能殼證得自己眞實的法身。照外貌上說起來。衆生同佛。那是天差地遠了。但是衆生雖然沒有證得自己的法身。他們心裏頭的功德。實在絲毫也不曾減少。還是同佛沒有兩樣。沒有分別的。只要能殼把一切的亂念頭。完全拋開了。就可以顯出自己的法身來的。雖然說是顯出自己的法身。實在也就是許多佛的法身。也就是一切衆生的本體。所以講起眞正的道理來。不獨是一切佛的法身。是相同的。就是我們衆生的本體。也同許多佛相同的。所以我們現在念阿彌陀佛。實在也可以說就是念自己的心。要曉得所有一切的境界形相。沒有不是從自己的心裏頭。變現出來的。阿彌陀佛的形相。就是自己的心。一切衆生的形相．也都是自己的心．就是我們現在自己的身體．也就是自己的心。這層道理．只要把夢來一想．就可以明白了．一箇人做夢的時候．夢裏頭的境界．有自己的身體．有旁人的身體．或者還有種種衆生的身體。醒轉來一想．自己的身體．明明的睡在牀上。那末夢裏頭的境界．那裏來的呢。所有自己的身體．旁人的身體．同了種種衆生的身體．究竟是那箇呢．還不是完全從自己的心裏頭造出來的麽。曉得了夢裏的境界．是自己的心裏頭造出來的。就應該曉得醒時候的種種境界．也都是自己的心裏頭造出來的了。夢裏頭的境界．的確是虛假的。醒時候的境界．也那裏是眞實的呢。明白了一切都是從心裏造出來的道理。那末自己的心造出來的佛．怎麼能彀不恭敬呢。自己的心造出來的衆生．怎麼能彀不愛惜呢。能彀用這樣的心念佛．可以說是眞正的念佛了。○

這兩句．是說釋迦牟尼佛．稱讚許多佛的功德。

彼諸佛等亦稱讚我不可思議功德、而作是言．釋迦牟尼佛能爲甚難稀有之事．能於娑婆國土、五濁惡世、劫濁、見濁、煩惱濁、衆生濁、命

濁中得阿耨多羅三藐三菩提。

【解】他們許多佛。也都稱讚我想不到、講不了的許多功德。說這樣的話道。釋迦牟尼佛。能彀做這樣很煩難、很少有的事情。能彀在這箇娑婆世界。有五種壞處的惡世界上。劫濁、見濁、煩惱濁、衆生濁、命濁裏頭。【這五種濁、講起來很長的、只好看下邊的解釋了、】得到了無上的佛道。

【釋】上邊一段。是釋迦牟尼佛。稱讚了六方許多佛的功德。自己又總結一句。這一段。是六方許多佛。稱讚釋迦牟尼佛的功德。從釋迦牟尼佛一句起。到下邊一段。說是一切世間難信之法的一句。總共十一句。都是六方許多佛稱讚釋迦牟尼佛功德的話。五濁惡世的濁字。就是汚穢不潔淨的意思。五種濁。就是劫濁、見濁、煩惱濁、衆生濁、命濁。現在先把他一件一件的大略講一講。劫濁的劫字。就是前邊說過的大劫時代。雖然說劫濁並沒有甚麼汚穢的事情。因爲有下邊的四種濁。才造成功這箇劫濁的。但是在這箇時代裏頭。有成、住、壞、空、四箇中劫。每一箇中劫裏頭。又各有二十箇小劫。到了每一次的壞劫。

又會輪流生出各種的大災來。到了每一箇小劫的末了．又會發生出三種小災來。人的壽命．又忽然加多．忽然減少。有這樣種種的壞處．所以也可以算他是一種濁。見濁有五種。第一種是我見。因爲人都執定了有一箇我。有我的一箇身體．就有了這種我的見解．就要分別出旁人來了。因爲我同了旁人．有了分別．就生出種種不合正當道理的心思來了。造出殺、盜、婬、妄、等種種的業來了。第二種是邊見。【邊見、就是偏見、就是不正的見解、偏在一邊的見解、】或是因爲執定了一箇人死了就沒有了．沒有甚麼好報應苦報應的．就算造惡也不要緊．造善也沒有用。或是因爲執定了我們這箇世界上的衆生．做人的．終是做人．做畜生的．終是做畜生。也不會做了惡事．受苦報應．做了善事．受好報應的。所有的見解．都是這樣偏的。第三種是戒取。有一種外道．假說守了他們各種的戒．就可以得怎樣的好結果。不明白道理的人．就會上他們的當．不走正路．走邪路了。或是假託了他們種種的說法．就要旁人施濟他們的錢。第四種是見取。因爲執定了自己的見解．黑的定要算他是白的．非的定要算他是是的．自己總不肯認錯。就生出爭鬥的念頭、爭鬥的事情來了。第五種是邪見。凡種種不合正當道理的見解、都是邪見。因爲這五種見解、都可以束縛住一箇人。在這箇生生死死裏頭、不能彀跳出三界去。所以都叫做濁。煩惱濁也有五種。第一種是貪。有了貪心、就這樣也要、那樣也要。這樣也捨不得、那樣也捨不得。不但是永遠不能彀脫離這箇世界、並且因爲有了貪心、就造出種種的業來了。第二種是瞋。碰到一些些不稱心的事情、就要發火、不能彀忍耐一些。因爲發了這箇瞋心、就要造無窮無盡的惡業。第三種是癡。一些些不明白道理、是的也不曉得是、非的也不曉得非。正路也可以走走、邪路也可以走走。自己都不能彀覺得、都不能彀分辨。這樣的人、怎麼可以修道呢。第四種是慢。對了隨便甚麼人、一味的驕傲、一味的自大。沒有一些些虛心、恭敬心。這樣的人、學隨便甚麼事情、都不能彀有上進。何況修學佛法呢。第五種是疑。無論做甚麼事情、最不好是有疑惑心。有了疑惑心、就要想做、又想不做。要想不做、又想做。心裏頭七上八下、沒有一些主意。這是修行所最不相宜的。這五種也都是擾亂心思、使得一箇人、多生出煩惱來。不得一些些清淨。所以叫做濁。衆生濁、因爲衆生永遠在六道裏頭．生生死死。就是做了人．也要受生、老、病、死、等種種苦惱。若是到了畜生、餓鬼、地獄、三惡道裏頭去．那更加說不盡的苦了。像這種樣子的受苦．沒有脫離的日期．所以叫做濁。命濁、就是一箇人在我們這箇世界上．一年四季．冷暖沒有一定．時時催人老死。一口氣．呼出來了．就不曉得還能彀吸回去不能彀吸回去。人的壽命．像朝晨的露水一樣。一眨眼．就可以沒有的．眞是危險得很．所以叫做濁。照這五種的濁說起來．那第一種的劫濁．實在是被後面的四種濁．造成功的。生在我們這箇世界上的衆生．都是免不了這五種濁的。若是生在西方極樂世界．那就沒有成、住、壞、空、的各種劫．也沒有大小三種災．是沒有劫濁。衆生都有正當的知識．正當的見解．是沒有見濁。衆生的智慧．都很高的．心念都很清淨的．是沒有煩惱濁。天天在一塊兒的．都是聲聞、菩薩．不受三界裏頭生生死死的苦．是沒有衆生濁。壽命都是同佛一樣．無窮無盡的．是沒有命濁。所以西方極樂世界．叫清淨土．就因爲沒有這種汚穢的緣故。○這一段．是說釋迦牟尼佛在我們這箇汚穢世界上．能彀得道．是很不容易的。

爲諸衆生說是一切世間難信之法．

【解】爲了許多衆生．說這樣世界上一切衆生所難得相信的方法。

【釋】念佛求生到西方極樂世界去的方法．是太簡便了。所以世界上的人．都不容易相信的。要在這樣汚穢的世界上修行．已經是很難了。釋迦牟尼佛．不但是在這樣汚穢的世界上修行．並且在這樣汚穢的世界上得道．不是難上加難麼。還要在這樣汚穢世界上．說這樣大家不容易相信的、念佛求生到西方極樂世界去的方法．是又加上一層難處。釋迦牟尼佛．勸化衆生的慈悲心．眞是了不得。所以各方的許多佛．都要稱讚他。難信兩箇字的上邊．加一切世界四箇字。可見得這箇方法．不獨是生在惡道裏頭的衆生．不會相信。就是人道天道裏頭．也多有疑心的。不獨是愚笨的人．不會相信。就是聰明的人．也多有疑心的。不獨是凡夫．不會相信。就是聲聞、緣覺．也多有疑心的。所以說一切世間難信。爲甚麼難信呢。實在是因爲修這箇方法．太簡便．太容易了。照這樣簡便容易的修法．得著的利益．應該很少了。那裏曉得．竟然能彀生到西方極樂世界去。並且還可以一世上就能殼成佛。這種樣的大利益．難怪人家不肯相信了。不要說那箇時候．忽然聽到這樣稀奇的說法．不肯相信。就是到現在已經過了二千九百多年了．有許多高明的大法師把這種念佛往生的道理．詳詳細細的說明白了。還有許多一心念佛的人眞實生到了西方極樂世界去的。像那往生傳．同了淨土聖賢錄．這兩部書裏頭所記的生到西方極樂世界去的人．實在眞不少。都是有名、有姓、有地方、有年代。臨命終的時候．還有種種特別的好景象．確實靠得住．可以做得證據的。尙且還有許多人不相信哩。他們不相信的緣故．在甚麼地方呢。就是把各種修行的方法．同念佛的方法．比較起來。覺得這箇念佛的方法．實在稀奇得了不得。因爲旁的種種方法．無論你所修的工夫．怎樣的高。所悟的道理．怎樣的深。若是有一絲一毫的煩惱．沒有斷得盡．就萬萬不能殼了生死．出三界了。念佛的方法．無論怎樣高等的根性．【根是根機、性是種性、就是各種根機的心性、】不能殼跳出這箇方法外邊去。無論怎樣下等的根性．也可以進到這箇方法裏頭來。就是煩惱業障．【業障兩箇字、下邊解釋往生咒的題目裏頭、會詳細說明白的、】極深極大的人。也都可以仗了阿彌陀佛慈悲的願力。接引他生到西方極樂世界去的。那些不相信念佛方法的人。只把那靠自己力量了生死的方法。去辯論這靠佛力了生死的道理。那是不知道靠自己的力量了生死。是普通的方法。這念佛求生到西方極樂世界去。是特別的方法。若是知道了這箇道理。那些明白的人。就箇箇都要一心一意的修這箇念佛方法了。不肯把這種就在這一世上可以了生死的大利益。讓旁人獨得了。你們須要知道。佛最要禁戒人說謊話。所以佛決不會說謊話的。佛所說的這種方法。一定是眞正靠得住的。大家斷斷乎不可以不相信。不可以有一些疑惑的。關係自己的將來。比了甚麼事情。都還大哩。〇這兩句。是說佛專門爲了衆生。說這樣念佛求生到西方極樂世界去的方法。

舍利弗。當知我於五濁惡世、行此難事。得阿耨多羅三藐三菩提。爲一切世間說此難信之法。是爲甚難。

【解】佛又叫舍利弗道。你應該要曉得。我在這樣五種汚穢的世界上。做這樣信願念佛的難事情得成功了佛道。爲了世界上所有一切的衆生。說這樣難相信的方法。實在是很難的。

【釋】上邊兩段。是六方許多佛。稱讚釋迦牟尼佛功德的話。釋迦牟尼佛。把這些話告訴舍利弗聽的。從這裏起。是釋迦牟尼佛自己說的話了。行此難事一句。就是佛說我從前也是修這箇用信心、願心。專門念佛。求生到西方極樂世界去的方法。這箇方法。很容易的。爲甚麼叫做難事呢。因爲一切世界上的人。都不容易相信這種事情。所以叫做難事。佛做這種難的事情。就成了佛道。這種話。恐怕有許多人不相信。但是請不相信的人。詳詳細細的多讀幾百徧、幾千徧、普賢行願品。【普賢行願品、是華嚴經裏頭的一品、專門講發願心、念佛求生到西方極樂世界去的、】就會把那不相信的心。翻轉來變做很相信了。佛做了這種難的事情。才能彀成佛道的。又爲了一切世界上的人。說這種難相信的方法。是難上加難。所以說是甚難。【甚字、就是很字、極字的意思、】上邊各方的許多佛。說了難。這裏釋迦牟尼佛自己。又說種種的難。那末眞是很難的了。實在說起來。是很容易的。因爲人都不相信。所以變成了很難了。釋迦牟尼佛慈悲得很。把這種很難相信的方法。說給我們聽。我們肯依了這箇方法去修。再勸導一切的衆生。也修這箇方法。才可以對得住佛。不至於辜負佛的大慈大悲的恩德了。釋迦牟尼佛說念佛的方法。到這裏已經完了。○這一段。是總結得道同了說法的難。

佛說此經已。舍利弗及諸比丘。一切世間天、人、阿修羅等。

【解】佛說完了這部阿彌陀經。舍利弗同了許多比丘僧。還有天道裏頭的人。人道裏頭的人。阿修羅等種種衆生。

【釋】一切世間天、人、阿修羅等。就是說世界上一切的天、人、阿修羅。加一箇等字。是包括八部六道。一齊在裏頭的意思。八部、第一、是天上的人。第二、是龍。第三、是夜叉。就是在虛空裏頭飛行的鬼。是神道的一類。第四、是乾闥婆。就是在玉帝那裏管音樂的神。第五、就是阿修羅。第六、是迦樓羅。就是金翅鳥。大得很的。兩箇翅膀。在兩旁邊隔開有三百三十六萬里遠哩。專門喫龍的。第七、是緊那羅。像人的樣子。不過頭上有角的。也是在玉帝那裏管樂器的神。第八是摩睺羅迦。就是大蟒．也叫地龍。從佛說此經已一句起．一直到底．都是阿難所記大衆聽佛說法的情形．不是佛說的話了。○這一段．是重新說聽佛說法的許多衆生。

聞佛所說．歡喜信受．作禮而去．

【解】聽到了佛所說的這部阿彌陀經．大家歡喜得很。都相信領受．禮拜了佛．各回到自己的原地方去了。

【釋】上邊所說的許多衆生．聽了佛所說的話。大家覺得從來沒有聽見過這樣好的方法。所以大家都歡喜得很．都相信得很．一些沒有疑惑的心．大家都領受了佛所說的話．永遠記住了．不放他忘卻。並且很感激佛說法的大恩大德。所以大家都行一箇禮．拜謝拜謝佛．各自回去了。到這裏末了．阿難也說到信受兩箇字。可見得這一部阿彌陀經．最要緊的．就是這一箇信字。實在因爲這箇信字．是發願同修行的根本。能彀信了．才肯發願心。才會實在的去做念佛的功夫。一部阿彌陀經最要緊的．就是信、願、行三箇字。大家都要記牢了。

拔一切業障根本得生淨土陀羅尼。

【解】這是咒的名目。甚麼咒呢。是可以拔除一切業障的根本．【業障兩箇字、講起來很長的、只好看下邊一節解釋了、】能得生到淨土去的咒。

【釋】這箇咒就是大家叫他往生咒的．念了能彀生到西方極樂世界去的。要生到西方極樂世界去．雖然只消念阿彌陀佛。雖然念了阿彌陀佛也可以消除罪業的。但是業消得越多越好．越快越好。除了念佛消罪．還有別的方法．可以幫助了消罪的．自然是更加好了。所以又有這一種咒．念了可以拔除種種的業障。現在先把業障兩箇字講明白了。障字、是遮蓋的意思．又是阻礙的意思。因爲能彀遮蓋我們本來淸淸淨淨的眞性．能彀阻礙我們跳出三界的門路。所以叫做障。障有三種。第一種叫煩惱障．第二種叫業障．第三種叫報障。因爲有種種煩惱．就造出種種的業來。造了種種的業．就要受種種的報應。並且因爲造了種種的業．又下了種種煩惱的種子。受了種種的報應．又生出種種的煩惱來。所以這種煩惱。實在是業障、報障、的根本。念了這種咒。就能𣪘使得煩惱不生起來。那就是拔去了業障的根本了。沒有了業障。自然就不會有報障了。淨土、就是西方極樂世界。因爲西方極樂世界。清淨得很。沒有一些煩惱。潔淨得很。沒有一些汚穢。所以叫做淨土。我們念佛修行。求生到西方極樂世界去。簡便些說起來。就叫修淨土。陀羅尼三箇字。是梵語。就是中國文的總持兩箇字。總字、有不分散的意思。持字、有不失去的意思。就是咒的別名。

南無阿彌多婆夜。哆他伽哆夜。哆地夜他。阿彌唎都婆毗。阿彌唎哆。悉耽婆毗。阿彌唎哆。毗迦蘭帝。阿彌唎哆。毗迦蘭哆。伽彌膩。伽伽那。枳多迦隸。娑婆訶。

【解】這就是咒。咒是佛祕密的話。像我們軍營裏頭。祕密的號令。只可以自己人知道。不可以宣布的。所以各種咒。都是只照梵語的聲音念的。從來沒有翻譯的。但是咒的靈驗實在是了不得的。

【釋】念完了一徧阿彌陀經。就應該把這一種咒。接連上去念三徧。一箇人在念這種咒的時候。無論日間夜間。阿彌陀佛常常在這箇人的頭頂上面保護他。不放那同他有怨仇的人害他。在這箇世界上的時候。常常保護他安安穩穩。等到壽命完的時候。就可以接引他生到西方極樂世界去。所以這箇咒是很有大利益的。應該要常常念的。

淨土法門

釋迦佛在世時。有翁婆二人。用穀一斗。記數念阿彌陀佛。願生西方。佛云。我別有方法。令汝念佛一聲。得多穀之數。乃教以念。南謨西方極樂世界三十六萬億一十一萬九千五百同名同號阿彌陀佛。出寶王論。嘗以秈穀稜之。一合千八百粒。此數乃二千石之數。佛自以此教二老人。則其功德甚大可知矣。若愚人。不能念者。且單念亦可。教人全念。得大福報。或兼持誦小阿彌陀經。或大阿彌陀經。或其他佛經。隨數多少。迴向願生西方皆可。

蓮池大師
西方發願文簡註（附錄）

印光法師鑑定　　李圓淨編述

稽首西方安樂國　接引衆生大導師　我今發願願往生　惟願慈悲哀攝受

偈文初二句．是表歸命於佛的意思。後二句．是表求佛加護的意思。稽首、是以頭著地．稽留少頃才起來．是表恭敬到極處。誠與敬．實在是超凡入聖、了生、脫死、的唯一極妙祕訣。發、是激動義。好比箭離弓弦．勢不中止。願、是希求義。信、願、行三事．是念佛法門的宗要。有願、必有信、行．缺一不可．具足無缺．決定往生．蕅益大師說得生與否．全由信願之有無。品位高下．全由持名之深淺。這是千古不易的鐵案。

（一）發菩提心　修淨業的人．應當先發菩提心．方能和佛的本願相應．所以必要以發菩提心爲正因．以念佛爲助緣．然後求生淨土．卽得一生成辦。【如果欠了這一著、便是人天的小果．】

弟㊀子某甲、普爲四恩三有法界衆生．求㊁於諸佛一乘無上菩提道故。㊂專心持念阿彌陀佛萬德洪名．㊃期生淨土。

(一)四恩、是父母恩、衆生恩、三寶恩、本國恩。三有、是欲界、色界、無色界。法界衆生．是十方世界無量一切的衆生。○這兩句、是指所緣的境。因爲這心既有所依．才有所發．但境有廣狹遠近的不同。四恩最近最狹．法界衆生最遠最廣．三有居中．所以發心也是從親至疏．由近到遠。(二)這是說我發心念佛．不但專爲自利．直想四恩、三有、法界衆生．都能度脫．得一乘無上菩提之道。○這一句、是指能發的心。(三)專心、是心裏沒有一點雜念。持念、是念念不會忘記。萬德洪名、是表一名具足萬德。○這一句、是指所念的佛。(四)末句、是指所希望的地方。

(二)懺悔三障　這一段、是承上文說的。雖然念佛發心。求生淨土。但末世衆生如此鈍劣．如此罪障．必要急求懺悔。障礙既除．必得往生。【如果欠了這一著、便受三塗的惡報．】㊀又以業重、福輕．障深、慧淺．染心易熾．淨德難成。㊁今於佛前．翹勤五體．披瀝一心．投誠懺悔。我㊂及眾生。曠劫至今。迷本淨心。縱貪、瞋、癡。染穢三業。無量無邊。所作罪垢。無量無邊。所結怨業。願悉消滅。

〔一〕業、卽是十惡。身有三。謂殺、盜、婬。口有四。謂妄言、綺語、兩舌、惡口。意有三。謂貪、瞋、癡。言業重便是十惡都造。或一心一意的想作惡。福、卽是十善也就是十惡的反面。言福輕。謂單修一善。或泛泛然爲善。又如方才念佛。便說口酸。剛想禮佛。又道腰痛之類。這都是因爲福輕的緣故。障、有兩種。邪塵緣逼迫和魔外糾纏。便是外來的障。疾病早死和愚癡顛倒。便是內發的障。言障深。便是內外交攻。或才想修行。就生惡病。才能向道。卽遇邪師之類。慧、有聞思修的方便慧和見道的眞實慧之分。言慧淺。便是聞熏薄解。或未得內凡。便說已超佛地。稍通世智。就誇已入悟門。染心、卽貪、瞋、癡。言易熾、就是說貪戀心、像藕絲般牽連不斷。瞋怒心、似火焰般容易燃燒。愚癡心、似密織網愈縛愈深。又有一種人。覺得一些兒染著。便至累月牽懷。片語不投機就此終身結怨的。豈非染心易熾。淨德、卽戒、定、慧。言難成、謂戒、則對於各種律儀。祇是持少犯多。定、則對於大小禪那。時覺造修無地。慧、則對於權實妙智．常苦沒法證悟。或者才登戒品．已破浮囊。一入禪堂．就覺昏掉的．豈非淨德難成。倘到了這般田地．自必要深生慚愧之心、痛自剋責．懇切懺悔．才是道理的。〇這四句、是說懺悔的因由．就是說我們為甚麼要懺悔。〔二〕五體、就是兩肘、兩膝、和額。因為從前身犯惡法．所以必要五體翹動而懺．這是表外面儀式的恭敬。披瀝、就是開發洗蕩。因為從前意起貪瞋．所以今日必要一心披瀝而懺．這是表內心的恭敬。投誠、是以我之誠．歸投於佛懺悔、是斷相續心。〇這四句、是說懺悔的方法．就是說我們要怎樣的懺悔。

〔三〕我及衆生、便是不止一人了。曠劫至今、便是不止一生了。須知衆生所造的罪業．是從無始以來．生生世世．互為眷屬主伴的．互相佐助引發的。既然是共同的造業就應當共同的懺悔。無量無邊、便是不止一處了。又有五種意義．一約心、言一念塵勞具有八萬．何況相續。二約境、言一處所作．已自無量．何況十方。三約事、言一業若成．罪無邊際．何況諸業。四約時、言一生所作．亦應無量．何況曠劫。五約人、言一人所作．已自無邊．何況衆生。所以業如果是有形狀的．便虛空也容受不了。迷本淨心句、是懺煩惱障。染穢三業句、是懺業障所結怨業句、是懺報障願悉消滅、便是願這三種障都消滅了。○這十句、是正陳懺悔．就是說爲甚事方懺悔。

（三）立四宏誓　修行如果沒有誓願．便防有退失之虞．因此要用這四法自制其心。【如果欠了這一著、便易生懈怠．】

㈠從於今日立深誓願．遠離惡法．誓不更造。㈡勤修聖道．誓不退墮．㈢誓成正覺．㈣誓度衆生。

（一）初四句、即是煩惱無盡誓願斷．因觀衆生被貪、瞋、癡、邪見所惱害．不能自拔．故立此誓．這是依集諦發心的。（二）次二句、即是法門無量誓願學．因觀六度萬行、恆沙法門．具有無量稱性快樂。但衆生不習不修．反妄造諸般罪業．故立此誓．這是依道諦發心的。（三）誓成正覺句、即是佛道無上誓願成。因觀諸佛已滅煩惱．得解脫樂．但衆生不覺不知．反妄受諸般苦楚．故立此誓．這是依滅諦發心的。（四）誓度衆生句、即是衆生無邊誓願度。因觀衆生、被生、老、病、死所逼迫．受大苦惱．故立此誓．這是依苦諦發心的。

（四）求生淨土　由上心願並發．惑業雙消．那麼三昧可成．九蓮易往．故要之以求

生淨土。【如果欠了這一著、便難免輪迴。】

（甲）　求佛護念

㈠阿彌陀佛以慈悲願力．當證知我．當哀愍我．當加被我。㈡願禪觀之中．夢寐之際．得見阿彌陀佛金色之身．得歷阿彌陀佛寶嚴之土．得蒙阿彌陀佛甘露灌頂．光明照身。手摩我頭．衣覆我體。

（一）因佛心是慈悲無量的．故有願力．因有願力．故當證知．因證知．故當哀愍．因哀愍．故當加被。○這四句、是表佛護念的心。（二）次八句、是表佛護念的事。

（乙）　正發願

（子）　現生願

使我宿障自除．善根增長．疾空煩惱．頓破無明。圓覺妙心．廓然開悟。寂光真境．常得現前。

那業、惑、苦、三種宿障．因得佛的甘露灌頂．故能自除。那戒、定、慧、三種善根．因得佛的光明照身．故能增長。煩惱、是指見惑、思惑．能惱亂心神。無明、是指根本惑．不了第一義諦。因得佛的手摩我頭．故能疾空頓破圓覺妙心是能證的智。寂光眞境、是所證的理。因得佛的衣覆我體．故能廓然開悟．常得現前。

（丑）　臨終願

至於臨欲命終．預知時至．身無一切病苦厄難．心無一切貪戀迷惑．諸根悅豫．正念分明．捨報安詳．如入禪定。阿彌陀佛、與觀音、勢至、諸聖賢衆．放光接引．垂手提攜．樓閣、幢幡．異香天樂．西方聖境．昭示目前。令諸衆生．見者．聞者．歡喜感歎．發菩提心。

三日、七日前．知稱爲預知。病苦、是身中四大不調。厄難、是水、火、刀兵、毒藥等難。貪戀、即言長年持齋的．竟會臨終食肉。或一向念佛的．忽然臨終怕死。或因恩愛牽纏．甚至難分難捨。或是許願保禳．甘心求神服藥等。迷惑、即言自疑業障深重．或疑功行淺薄．或疑佛不來迎等。諸根悅豫、是指眼、耳、鼻、舌、身、等五根無病無難。正念分明、是指第六意根、無貪、無惑。捨報安詳、是捨去這所受的身．不忙不亂。如入禪定、是坐脫、立化。阿彌陀佛以下七句、是明感應道交。令諸衆生以下四句、是明見聞利益。

（寅）　往生願

我於爾時。乘金剛臺。隨從佛後。如彈指頃。生極樂國。七寶池內。勝蓮華中。華開見佛。見諸菩薩。聞妙法音。獲無生忍。於須臾間。承事諸佛。親蒙授記。得授記已。三身、四智、五眼、六通、無量百千陀羅尼門。一切功德。皆悉成就。

如彈指頃、是極言往生的快。獲無生忍、是了達諸法是本來不生不滅的。三身、指法身、報身、化身。四智、指大圓鏡智、平等性智、妙觀察智、成所作智。五眼、指肉眼、天眼、慧眼、法眼、佛眼。六通、指天眼通、天耳通、他心通、宿命通、神足通、漏盡通。陀羅尼、譯言總持、謂總一切法、持無量義。自承事諸佛句以後、是正明其相。

（五）回入娑婆　但求自利。是名小乘。普願利他。才稱大士。故次之以回入娑婆。【如果欠了這一著、便是聲聞獨善。】

然後不違安養。回入娑婆。分身無數。徧十方剎。以不可思議自在神力。種種方便。度脫眾生。咸令離染。還得淨心。同生西方。入不退地。

不違安養、便是法身不動。分身無數、便是化身應現。偏十方刹、可見不止一國。方便度生、是指對慳貪的人、以財施攝。對剛強的人、以愛語攝。對爲善的人、以利益攝。對作惡的人、以同事攝。離染、卽三惑不起。淨心、卽三德圓證。不退、有三。一是位不退。言終不退爲凡夫二乘。二是行不退。言決無退失所修行業。三是念不退。言決無一念忘失錯誤。又指一入西方、卽使在疑城邊地、也決不退入三塗的。咸令離染兩句、是說現世的利益。同生西方兩句、是說後世的利益。

如是大願。世界無盡。衆生無盡。業、及煩惱、一切無盡。我願無盡。

這五句、是總結前文。

（六）總申回向　由上自他因果、事、理、俱圓。故總申回向。【如果欠了這一著、便是因果非圓。】

願㊀今禮佛發願修持功德。回施有情。四恩總報。三有齊資。法㊁界衆生。同圓種智。

（一）回向有三種。第一、是回己向他。因衆生從無始以來所修的善業、無非是爲自身、和眷屬打算。今回此心向於眾生．把自己所修得的．盡施於他．祇願他人得利．不求自己安樂。這四恩總報、三有齊資、便是第一種回向。（二）第二、是回因向果。因眾生自無始以來．祇知道求人天的福報．不曉得求出世的聖果。今回此心向於無上菩提．把自己所修得的善業．盡都用來莊嚴佛果。這法界眾生、同圓種智、便是第二種回向。種智、就是佛的智慧。第三、是回事向理。以上兩種．都是事相．但理原本在於事中．便是三種回向都具足了．所以不須另立。回事向理．就是將這能修、所修、能向、所向、的心．向於實際．二俱寂滅．沒有種種差別的相。又修淨業的人．凡有一善．必定要先回向於西方．這心便能轉福．直向西方路去。倘不回向．恐防心被福牽．還生三界．不可不知。

附修行方法

印光法師鑒定

皈依弟子黃智海演述

凡是要念經、念佛的時候．先要把手洗乾淨了。點三枝香、或是燒一些檀香．都可以。先念香讚．再念開經偈。念過了．念阿彌陀經。不過念阿彌陀經的前．還要念南無蓮池海會佛菩薩三聲。阿彌陀經念完了．念往生咒三徧。再念讚佛偈。偈念完了．念阿彌陀佛、同了觀世音、大勢至、淸淨大海衆菩薩、的名號。末後再念回向偈．和三皈依。照這箇樣子念．才算成功一堂功課。現在我把修念佛方法的人、所念慣的各種．都寫在下邊。並且也用白話．來大略解釋一徧。

香讚

讚字、是稱讚的意思．就是稱讚燒香的功德。讚、同了偈．都有發願的意思在裏頭。香讚有好幾種。下邊所寫的．是大家念阿彌陀經念慣的一種。

爐香乍爇　法界蒙熏　諸佛海會悉遙聞　隨處結祥雲
誠意方殷　諸佛現全身

【解】第一句說、香爐裏頭的香剛剛燒起來、第二句說、所有的十方無窮無盡的世界、就都受到了這箇香氣的熏了。第三句說、許多的佛、同了像海這樣大的法會、都遠遠的聞到這箇香氣、第四句說、香燒出來的烟、隨便甚麼地方、都結成功了吉祥的雲。第五句說、燒香的人、剛剛動了至誠懇切的念頭。第六句說、就感動了許多的佛、現出全身來了。

【釋】燒香的意思、是把香來供養佛、和菩薩的。所以念經、念佛、必定要燒香的。並且供養佛、菩薩的心、要放得大、放得遠。不但是供養眼面前所供的佛、菩薩、連十方所有的佛、菩薩、一齊要供養的。但是第一件要緊的事情、就是要有誠心。心誠了、才能夠感動各方的許多佛、菩薩。乍字、是剛剛的意思。法界、就是十方無窮無盡的世界。蒙字、是受著的意思。熏字、是熏著香的意思。海會、是佛的法會、就是佛說法的地方。說到一箇海字、是形容它又多、又大、像海一樣的意思。悉字、是完全的意思。遙字、是遠的意思。殷字、是懇懇切切的意思。合併起來講．是香爐裏頭的香．剛剛燒起來．十方法界．都已經受著這種香氣的熏了。許多的佛．同了各處講佛法的會場裏頭．也都一齊遠遠的聞到這箇香氣。並且香氣在虛空裏頭、結成功了吉祥的雲。燒香人的誠心．方才懇懇切切的發出來。許多的佛．就現出他們金色的金身來．給燒香的人看。這都是燒香人發了誠心．才能彀感動佛、菩薩．有這樣種種的顯應出來。念這種香讚．還有一種意思．就是在上香的時候．要發一種願心。情願我所燒的香．十方世界．都能彀受到這種香氣。那十方法界裏頭．各法界的衆生．都可以把我所燒的香．去供養各方的佛、菩薩．那末我一箇人燒了香．供養佛、菩薩．就譬如各法界的衆生．都幫助我燒了香了．都幫助我供養了佛了。並且還情願我所燒的香．不但是供養我面前的佛、菩薩．所有十方法界的許多佛、菩薩．情願一齊供養到。那末在一箇地方燒了香．就譬如到十方法界各處佛、菩薩那裏．都燒了香了。願心發得這樣的大。功德也就隨了這箇願心．大起來了。

南無香雲蓋菩薩摩訶薩。

念三徧、拜三拜。這一句同了上邊的香讚．一定要連在一起念的。念了香讚．一定就要接上去念這一句的。這一句的意思．就是念經的人．燒了香．這種香氣．沖在虛空裏頭．結成功了雲像寶蓋一樣．所以叫香雲蓋。這香雲蓋裏頭．就有許多佛、菩薩．在那裏受燒香人的供養．所以要拜。這種拜法．不獨是拜了眼面前所供的佛、菩薩．直是拜了虛空裏頭無窮無盡的佛、菩薩．所以功德很大的。

開經偈

凡是念經的前頭．必須要念這種開經偈的。偈本來就是稱讚頌揚的意思。開經偈．就是開頭念經的時候．先稱讚頌揚了經的好處．再接下去念經．這是念經的規矩。

無上甚深微妙法　百千萬劫難遭遇
我今見聞得受持　願解如來眞實義

【解】第一句．說很高、很深．並且很微細、很奇妙的佛法。第二句．說就是經過幾百、幾千、幾萬劫的年代．也很難碰得到的。第三句．說我現在能穀看見、能穀聽到、還能穀領受．並且依了方法去做。第四句說、情願明白佛的眞正實在的道理。

【釋】無上兩箇字、是沒有比這箇更高的意思。微字、是微細的、不是粗淺的意思。妙字、是又好又奇的意思。百千萬劫、說年代的長久、幾幾乎不可以數目來計算。遭字、同了遇字、是一樣的、都是碰到的意思。說這樣好的佛法、那怕經過百千萬劫的時代、也很難碰到的。解字、是明白的意思。如來、是佛的名號。佛總共有十種名號、就是如來、【如字、是眞實不動的意思、來字、是佛的智慧光、一切都照到的意思】應供、【佛的智慧滿足、福德滿足、所以說是兩足尊、有了這樣的大功德、自然應該受一切衆生的供養了】正偏知、【正字、是沒有偏見、邪見、的意思、偏字、是周偏的意思、凡夫外道的知見、是偏的、邪的、不能彀說是正知、聲聞、緣覺、菩薩、的知見、雖然是正的、但是不能彀周偏、所以也不能彀說是偏、知、獨有佛才能彀當這箇名號○知見、就是知識見解】明行足、【明、是三明、得了宿命通、天眼通、漏盡通、叫三明、行、是指身、口、意、三業、身、口、意、三業、完全眞正清淨、只有佛能彀做到、因爲明同了行、都滿足了、所以叫明行足】善逝、【逝字、是去的意思、就是實在到不生不滅的那邊岸上去了、不會再退到這箇生死海裏來的意思、】世間解、【世界裏頭、同了跳出三界的一切因果法、沒有不了解的意思、〇了解、就是明白、】無上士、【士、是人中最有知識的、不是庸庸碌碌的平常人、無上、是最勝的、沒有能彀勝過他的、】調御丈夫、【前邊解釋阿彌陀經北方世界裏頭、已經解釋過了、】天人師、【師、是先生、是師父、是教師、天人師、是天同了人的教師、】佛。【梵語叫佛陀、是中國的覺字、解釋就是覺悟的意思、】這箇十種名號、都是稱佛的。佛有這十種的功德、在各世界裏頭、最是尊重、所以又叫做世尊。不過稱佛的時候最多。如來、同了世尊兩種名號、也還常常稱的。那八種名號、就不很常稱了。這第三第四兩句、是說我現在能彀見到、聽到、並且還能彀領受著、依了方法去做、是何等樣的福氣呢。但是見聞受持、仍舊不過是文字上面的功夫。我現在不獨是曉得了文字、就算了、還情願要曉得佛的眞眞實實的道理哩。佛的眞實道理、就是不生不滅、就是佛的寂照圓融的眞心、【寂、是寂靜、照、是用智慧光照了一切都能彀明白的意思、寂、是定的功德、照、是慧的作用、前邊如來二箇字的解釋、同這寂照兩箇字的意思道理、都是一樣的、圓、是圓通、融、是融合、佛的眞心、雖然是寂然不動的、但是智慧的光、一切都能彀照到、雖然智慧的光、能彀照到一切境界、但是這箇心、卻仍舊是寂然不動的、寂不礙照、照不礙寂、所以叫寂照圓融、○作用兩箇字、很難用俗話來解釋、勉強說起來、差不多有手段的意思、有做法的意思】也就是衆生的眞心．佛同了衆生的眞心．是一樣的．沒有兩樣的。這種道理．能彀明白透了．才算是懂得佛法。上邊的南無香雲蓋菩薩摩訶薩．念了三聲．拜了三拜．就應該接上去念這箇開經偈一徧。念過了。再念下邊的。

南無蓮池海會佛菩薩

念三徧拜三拜。凡是要念經．開頭一定要念三徧佛菩薩．不過念甚麼佛菩薩．那就不一定了．就要看所念的甚麼經了。現在念的阿彌陀經．是專門講西方極樂世界的．是要修到西方極樂世界去的人念的。因爲西方極樂世界去的人．都是在七寶池裏頭的蓮華中間生出來的．所以一定要念蓮池海會佛菩薩。簡單說起來．就是歸依西方極樂世界佛菩薩。這一句念過了。就念阿彌陀經了。但是念阿彌陀經。一定要連佛說阿彌陀經一句一齊念的。念了就接念如是我聞。一直念下去。念完了經。再念往生咒三徧。就念下邊的讚佛偈了。

讚佛偈

讚佛偈、是稱讚佛的偈頌。稱讚各佛的偈、各各不同的。這下邊的偈、是專門稱讚阿彌陀佛的。因為現在所念的。是阿彌陀經。所以要念稱讚阿彌陀佛的偈。

阿彌陀佛身金色　相好光明無等倫
白毫宛轉五須彌　紺目澄清四大海
光中化佛無數億　化菩薩眾亦無邊
四十八願度眾生　九品咸令登彼岸

【解】第一句說。阿彌陀佛的身體。是同金子的顏色一樣。第二句說。阿彌陀佛的形相。是很好的。全身的光。是很明亮的。並且這種形相、這種光明、沒有可以比得上的。第三句說。

阿彌陀佛兩條眉毛中間的一根白的毫毛．向右邊宛轉捲的．【是順了旋轉的意思】有五帀．【是周圍的意思】好像五座須彌山一樣的大。第四句說．阿彌陀佛的眼．青色帶些紅色．淸明得很．並且很大．像四道大海。第五句說．阿彌陀佛的光裏頭．化現出來的佛．不獨是一億、十億、百千萬億．竟是沒有數目的億。第六句說．光裏頭化現出來的菩薩．也是無量無邊的多。第七句說．四十八箇大願心．都是度脫衆生的．第八句說．生到西方極樂世界去的人．雖然是分九品．但是都要他們到那邊的岸上去。就是到沒有生死的那邊去。

【釋】阿彌陀佛身體的顏色．是極好極好的金色。不但是我們世界上的金．不能彀比．就是天上的金．也不能彀比。講到阿彌陀佛的形相．那眞好得了不得。顯現給凡夫、同了小乘看的丈六金身．已經有三十二相、八十種好了。若是顯現給菩薩看的．竟然有八萬四千種相。每一箇相裏頭．還有八萬四千種的好。每一種好裏頭．又有八萬四千種光明。這樣的好法．那自然沒有同阿彌陀佛一樣的了。等字同了倫字．都是一樣的意思。須彌山、在山裏頭是最大的．阿彌陀佛兩條眉毛中間的一根毫毛．直有五座須彌山這樣大．還了得麼。這根毫毛是雪白的．所以叫做白毫。並且是八楞的．中間是空的．有很大的光明的．現在塑在的佛像額上．嵌一顆珠子．就是顯明白這根白毫的地位。講到這根毫毛．向了右邊旋轉圍繞五帀的樣子．那就沒有法子．可以顯明白了。紺字、是青色帶紅色的一種顏色。澄字、也是清的意思。阿彌陀佛做法藏比丘的時候．發過四十八箇大願心．都是度脫衆生跳出三界．生到西方極樂世界去的願心。因爲生在我們這箇世界裏頭．有種種的煩惱事情．容易造業．永遠跳不出這生死的輪迴。那西方極樂世界的人．是只有修種種的眞實功德．沒有造業的。並且壽命很長很長．沒有窮盡的日期。所以一世都可以修到候補佛位的大菩薩地位。東西兩箇世界．【東方的娑婆世界、西方的極樂世界】譬如兩條海岸．我們生到西方極樂世界去．免去了這生生死死．譬如已經離開了這邊有生死的岸．【就是娑婆世界、】到了那邊沒有生死的岸上去了。【就是極樂世界、】這前四句．是讚阿彌陀佛的相貌莊嚴。第五第六兩句．是讚阿彌陀佛的神通廣大。末兩句．是讚阿彌陀佛的大誓願、大恩德、無窮無盡。這一箇讚．很好很好的．是宋朝時候．桐江地方．一位擇瑛法師做的。

南無西方極樂世界大慈大悲阿彌陀佛。

念了這一偈．就接下去念南無阿彌陀佛六箇字的佛號。給人家受快樂．叫做慈．拔去人家的苦．叫做悲。阿彌陀佛能毅拿成佛的樂處來給人．能毅拔去人生死的苦．所以稱做大慈大悲。

南無阿彌陀佛。

最少念五百聲．或是一千聲．二千聲。這種念佛的數目．是做一堂功課的說法．若是全天的念佛．那末能毅念一萬聲．幾萬聲．更加好。不過應該連南無兩箇字一同念。若是只念阿彌陀佛四箇字．雖然也可以的．不過不加上南無兩箇字．就不能毅顯明白恭敬的意思．那末功德就差些了。念的時候．低聲念、高聲念、坐著念、跪著念、盤著膝念、向了右邊繞圈子念、都可以隨便的。若是心要散亂．只要念的時候．自己聽自己念的聲音．一箇一箇字都要聽得淸淸楚楚就可以漸漸的心不亂了。這是收束心思除去亂念頭的第一箇好法子。念完了再念三聲拜三拜或是九拜、十二拜、二十四拜、四十八拜、隨各人的意思都可以的。

南無觀世音菩薩摩訶薩。

念三聲拜三拜。

南無大勢至菩薩摩訶薩。

念三聲拜三拜。

南無淸淨大海衆菩薩摩訶薩。

念三聲拜三拜。上邊三行、都是佛同了菩薩的名號沒有甚麼意思可以解釋的。所以只說念的方法。觀世音、大勢至、兩位大菩薩也是在西方極樂世界的同了阿彌陀佛大家稱他們做西方三聖的。念佛的人到了臨終的時候這兩位大菩薩同了阿彌陀佛都來接引念佛人生到西方極樂世界去的。所以念了阿彌陀佛後這兩位大菩薩的名號也都要念的。淸淨大海衆菩薩．是所有的一切菩薩．都是很淸淨的。大海衆．說菩薩的多．譬如大海一樣。就是所有一切的菩薩．也要一齊念念一齊拜拜的意思。

十念法

十念法、是專門爲了事情極多極忙的人．想的最方便、最簡單、的方法。不論在甚麼地方．不論在甚麼時候．【能彀早晨起來就念、自然是最好、】有供好的佛．就向佛三拜．沒有供佛．就面向了西．拜一拜．或是深深的作一箇揖．都可以的．不過要念南無阿彌陀佛大箇字的。不論念幾聲．儘一口氣念下去．氣長的．一口氣念十幾聲也好．氣短的．一口氣念幾聲也好．總共念滿十口氣。再念下邊那一種最簡單的回向偈一徧．再向佛三拜．或是向西拜一拜．或是深深的作一個揖．就算完了。這箇就叫做十念法。只要誠心照這箇法子念．也可以生到西方極樂世界去的．因爲也是阿彌陀佛四十八箇大願心裏頭的一箇願．【下邊回向文裏頭、會說明白的、】所以念了．功德也很大的。

回向偈

修行的人、不論念經、念佛、念完了、一定要把回向偈念一偏的。回字、是旋轉的意思。向字、是歸向的意思。就是把這箇念經、念佛的功德、都旋轉回來、一齊歸向在求生到西方極樂世界上面去。不但是念經、念佛、要回向、就是做了一些些無論甚麼善事、也都要回向在求生到西方極樂世界上面去。積得功德多一分、往生的希望、也就多一分。倘然不回向在求生到西方極樂世界上面去、就恐怕下一世得天道、或是人道的福報、福報越大、造業越容易、那末再下一世、就很可怕了。所以必定要回向在求生到西方極樂世界上面去。那末可以盼望就在這一世上、生到西方極樂世界去了。但是回向偈、也多得很、各人有各人念慣的、我把修念佛方法的人、常常念的幾種、寫出來、解釋解釋。使得各人都可以曉得平常所念的回向偈、究竟是甚麼意思、講到應該念那一種、那是隨便各人喜歡的、喜歡念那一種、就念那一種、都是一樣的。

第一種

願以此功德　莊嚴佛淨土　上報四重恩　下濟三塗苦

若有見聞者　悉發菩提心　盡此一報身　同生極樂國

【解】第一句說情願把這箇念經、念佛的功德。第二句說幫助阿彌陀佛的淨土、格外的好。第三句說把這種念佛、念經的功德。上頭報答父、母、師長、同了佛的四重恩德。第四句說下邊救濟畜生、餓鬼、地獄、三惡道的苦惱。第五句說若是有看見、或是聽到我念經、念佛的人。第六句說大家都要發出道心來。第七句說等到這一箇身體受完了報應。第八句說就大家一同生到西方極樂世界去。

【釋】莊嚴兩箇字實在不容易把白話來解釋清楚、西方極樂世界種種的好處。雖然是阿彌陀佛的願心、和功德所成功的。但是也可以說是眾生本來有的功德、一同成功的。所以眾生念了經、念了佛。就可以仗了這種念經、念佛的功德。使得西方極樂世界格外的端莊尊嚴。就是格外的好。並且西方極樂世界。就是眾生自己的淸淨心裏頭。現出來的形相。仗了念經、念佛的功德。可以使得自己心裏頭。現出來的西方極樂世界。格外的好。這箇道理。是很深很深的。若是懂得。自然最好。若是不懂。就不要理會他。只要一心念佛．慢慢的自然而然會明白的．不消性急得的。所說的四重恩．第一是父．第二是母．因爲一箇人的身體．是父母所生的．沒有父母．那裏來的身體呢。所以父母的恩．一定不可以忘記的．一定要報答的。第三是師長．一箇人的學問．都是師長所教的．這教導的恩．也不能彀不報的。若是出家人的師父．是傳授佛法的．那是恩德更加大了．更加不能彀不報了。第四是佛．我們在世界上．受種種的苦惱．佛發大慈大悲的心．教導我們．勸化我們．用種種的方法．使得我們跳出這箇生死的苦海。這種恩德．又不是父、母、師長、的恩．所可以比得的了．所以更加不可以不報了。講到畜生、餓鬼、地獄、三惡道．爲甚麼要去救濟他們呢。這是前邊已經講過的．就是發菩薩的心．發大乘的心．不像小乘只曉得免除自己的苦．不肯度脫旁人的苦。第五第六兩句．是求佛、菩薩暗裏頭幫助我．使得看見我念經、念佛的人．或是聽到我念經、念佛的人．都能彀自然而然的發出道心來。第七第八兩句．是情願大家就在這一世上．一同生到西方極樂世界去。這都是菩薩心、大乘心．而不是自己只顧自己的小乘心。上一句的報身．就是我們這些人的身體．都是受前生所做種種善業惡業的報應的．所以叫做報身。盡此一報身．就是說大家受完了這一世的果報．不再受那虛假生死的果報身體。下一句同生極樂國．是祝禱凡有看見、聽見、我念經、念佛的人．也都發心念經、念佛．求生到西方極樂世界去．並且也一同受著我回向的功德．生到西方極樂世界去。回向的話．若是每句的字數多少一樣的．叫做回向偈．句子長短不一樣的．叫做回向文．無論是回向偈回向文．總是以發願爲正主的。

第二種

願生西方淨土中　九品蓮華爲父母
華開見佛悟無生　不退菩薩爲伴侶

【解】第一句說．情願生到西方淨土那裏去。第二句說．九品的蓮華．做我的父母。第三句說．蓮華開了．見到了佛．就可以明白無生的道理了。第四句說．同了不會退回轉來的菩薩．在一處做同伴。

【釋】要發願生到西方去．大家都已經曉得了．但是西方的世界．多得很．有淨土．也有穢土。並且還有半穢、半淨的土。現在發願生到西方的那裏呢。所以要說明情願生到西方的淨土中。但是西方淨土。也多得很。情願生在那裏的淨土呢。所以又說明情願生在蓮華爲父母的淨土。那就是阿彌陀佛的極樂世界了。因爲凡是生到西方極樂世界去的。都是從蓮華裏頭生出來的。所以蓮華就可以算是父母了。但是往生的人。功夫很有高下的分別。所以蓮華也分做九品。等到這箇蓮華開了。就可以見到佛、菩薩的金面。聽到佛、菩薩的說法。不過蓮華開的早晚。那就很有分別了。上品、上生的。一到西方極樂世界。立刻蓮華就開。立刻可以見到佛。上品、中生的。經過一夜。蓮華就開。就可以見佛。上品、下生的。經過一日一夜。蓮華才開。七日裏頭。可以見佛。中品、上生的。也是到了西方。蓮華就開的。但是雖然見到佛。聽到了佛法。也只能殼先證小果。不能殼就悟無生的道理。所以比不到上品、上生的人。中品、中生的。到第七日。蓮華才開。可以聽到佛法。中品、下生的。生到了西方極樂世界去。再要經過七日。方才見到觀世音、大勢至、兩大菩薩。能殼聽到佛法。下品、上生的。必須經過四十九日。蓮華方才開放。見到觀世音、大勢至、兩大菩薩。說佛法給他聽。下品中生的．要經過六劫．蓮華才能彀開放．觀世音、大勢至、兩大菩薩．說佛法給他聽。下品下生的．直要滿十二大劫．蓮華才能彀開放．觀世音、大勢至、兩大菩薩．說佛法給他聽。聽到了佛法．這個心就可以開悟了。那本來沒有生、沒有滅的道理．也就會明白了。並且到了西方極樂世界去．自然有許多只有向上修．不會退轉來的菩薩．像觀世音、大勢至、等許多大菩薩．都同在一塊兒做朋友。侶字、同伴字一樣的．伴侶兩個字．就是同伴的意思。這個偈．也都是發願的話．念這個偈的時候．第二句九品蓮華為父母的九字．可以改做上字．因為願要發得高．願意將來上品、上生。發了願．只要自己修行的工夫彀得上．將來一定會應的。

第三種

十方三世佛　阿彌陀第一　九品度眾生　威德無窮極
我今大皈依　懺悔三業罪　凡有諸福善　至心用回向
願同念佛人　感應隨時現　臨終西方境　分明在目前

見聞皆精進　同生極樂國　見佛了生死　如佛度一切

無邊煩惱斷　無量法門修　誓願度眾生　總願成佛道

虛空有盡　我願無窮　虛空有盡　我願無窮

【解】十方三世無窮無盡的佛、要算阿彌陀佛是第一了。有九品的蓮華、來度脫世界上的眾生。佛的威嚴功德、都是無窮無盡的。我現在皈依了佛、懺悔身業、口業、意業、三種的罪。凡有所修的福德、或是善根、都誠心把他來回向到西方極樂世界去。情願同了所有念佛的人、感動阿彌陀佛、隨便甚麼時候、現出相來、到我們臨命終的時候、西方極樂世界的境界、清清楚楚的現在眼面前、所看見的、聽到的、都能夠發增長精進勤修、生到西方極樂世界去的心、將來一同生到西方極樂世界去。見到了佛、就可以免這個生生死的苦。得到了佛道、就可以度脫一切眾生、像佛的願心一樣。所有無量無邊的煩惱、一定要斷絕他。無量無邊修行的方法、一定要學會他。立誓發願、要度脫眾生。立誓發願、要學成功佛道。虛空還有盡頭的地方、我的願心、永遠沒有窮盡的時候。

【釋】說阿彌陀佛第一．就是指下邊的威嚴功德。懺字同悔字．一樣是懊悔的意思。不過懺是懺從前已經造的業．求他消滅．悔是悔後來不再造業。感應的感字．是念佛的衆生．用極誠懇的心．去感動佛．應字、是佛來應衆生。衆生不去感動佛．佛不會來應衆生的。見佛了生死．是見到了佛．聽到了佛的說法．漸漸的開悟了．無明一分一分的破了。破去一分無明．顯出一分眞性．那自然不會再墮落到生死的路上去了。無邊煩惱斷四句．完全說起來．是衆生無邊誓願度．煩惱無盡誓願斷．法門無量誓願學．佛道無上誓願成．這四句叫菩薩四宏誓願。宏字、解釋是大．就是發大願心的意思。修行的人．一定要發這四種大願心．纔能彀修成功大乘菩薩。若然不是發這樣的大願心．那就只能彀成功小乘的聲聞了。所以這種四宏誓願．修行的人．也應該每天要念的．應該要發這樣的大誓願的。這四句的第一句．解釋起來．衆生有無量無邊的多．我應該要立誓發大願心．一齊度脫他們。第二句．我們凡夫的煩惱．無窮無盡的．都應該要立誓發大願心．一齊斷除他。第三句．修行的法門．無量無邊的多．應該要立誓發大願心．一齊學成功他。第四句．佛的道理．

最高、最深應該要立誓發大願心．修成功他。虛空是無窮無盡的．現在說他有盡．是譬喻的意思。就是說那怕虛空有盡．我的願心．是沒有窮盡的。若是有一些不滿足我這個願心．那末我修行的功夫．就永遠沒有停歇的時候。再說一徧．是顯得這個願心．切實得很．堅決得很的意思。

第四種

一心皈命極樂世界．阿彌陀佛。願以淨光照我．慈誓攝我。我今正念．稱如來名。爲菩提道．求生淨土。佛昔本誓．若有衆生．欲生我國．志心信樂．乃至十念．若不生者．不取正覺。以此念佛因緣．得入如來大誓海中。承佛慈力．衆罪消滅．善根增長。若臨命終．自知時至．身無病苦．心不貪戀．意不顚倒．如入禪定。佛、及聖衆．手執金臺．來迎接我。於一念頃．生極樂國。花開見佛．卽聞佛乘．頓開佛慧．廣度衆生．滿菩提願。十方三世一切佛．一切菩薩摩訶薩．摩訶般若波羅蜜。

【解】一心一意把自己的性命。歸託極樂世界的阿彌陀佛。情願阿彌陀佛．放清淨的光來照我．把慈悲的誓願來攝取我。【誓願兩箇字、是說立誓的願心、就是堅決的願心．攝字、在下邊一段解釋裏頭、會講明白的．】我現在用正正當當的念頭．稱佛的名號。因爲發了度脫衆生的道心．所以求生到淨土去。阿彌陀佛從前有四十八箇大願心裏頭．本來有一箇願說道．若是有衆生．要生到我的國裏頭來．只要他一心相信喜歡念佛．念佛只要誠心．就是念得很少．只不過念十口氣的佛．也可以生到淨土來的。若是念了十口氣的佛．仍舊不能彀生到我的國裏頭來．我就不願成佛了。因爲阿彌陀佛發過這箇大願心．所以只要肯念佛的人．沒有不能彀往生淨土的。現在我靠了這箇念佛的因緣．能得進到佛的大誓願海裏頭。【這一句、在下邊一段解釋裏頭、會詳細講明白的。】承蒙佛慈悲的力量．使得我許多的罪業．一齊都消滅去．使得我的善根．漸漸的增加長大起來．到了臨終的時候．自己可以預先曉得．並且身體上沒有病痛苦惱．心裏頭沒有貪愛這箇世界的意思．也沒有捨不得離開這箇世界的意思．念頭一些不顛顛倒倒．很安安定的、像參禪的人、入了定一樣的。【這兩句、在下邊一段解釋裏頭、會詳細講明白的。】阿彌陀佛、同了觀世音菩薩、大勢至菩薩、還有許多的菩薩、羅漢等、手裏頭拿了金臺、來迎接我。只消轉一箇念頭的時候、就已經在蓮華裏頭、生到了西方極樂世界去了。蓮華一開、就能彀見到佛、就能彀聽到佛的說法。聽到了佛法、登時立刻本來有的同佛一樣的智慧、也就開發顯現出來了。到了這個時候、仍舊回到我們這箇世界上來、度脫許多的衆生、才算滿了我度脫衆生的願了。我現在一心歸依十方、同了三世的許多佛、歸依許多的菩薩、歸依用了大智慧到彼岸的佛法。

【釋】慈誓的誓字、就是誓願、是發的願心、就是阿彌陀佛的四十八箇大願心。攝字、是收取的意思。慈誓攝我一句的意思、就是情願阿彌陀佛用他慈悲的誓願、來收取我、使得我不走到別的路上去。大誓海、是指阿彌陀佛的四十八箇誓願。因為這四十八箇大願心、大得了不得、所以拿海來比喻。以此念佛因緣、得入如來大誓海中兩句的意思、就是靠了這箇念佛的因緣、能彀感應佛的誓願的意思。也就是念了佛、就能彀生到西方極樂世界去的意思。如入禪定一句、是說參禪的人、專門定了心、靜坐了參究佛的道理。等到功夫深了、一心一意沒有一些旁的亂念頭的時候、就是口中的呼吸也沒有了。一坐定了、可以經過許久的時候、差不多像死的一樣、這就叫入定。這裏的如入禪定、是比喻心定不散亂的意思。金臺、是蓮華下面的座子、有幾種的分別、上品上生的、是金剛臺、上品中生的、是金臺、品級低下去、就是銀臺了。乘字、就是車子、前邊已經講過了的。佛乘、就是最上乘的佛法。佛慧、就是佛的智慧、我們這些人的智慧、本來是同佛一樣的、因爲被種種的煩惱遮蓋住了、所以智慧就發不出來了、所以就成了凡夫了。現在聽到了佛法、所有的煩惱、一齊破了、本來有的智慧、自然就顯出來了。十方佛、是就地位方向說的。三世佛、是就時候說的、就是過去、現在、未來、【沒有來的時代】三箇時代的佛。般若、是梵語、就是智慧。波羅蜜、也是梵語、就是到彼岸、合併起來講、就是用了大的智慧、度過了生死海。【生死海、是指三界有生死的、所以叫做生死海。】到那邊的岸上去。【那邊的岸、是指西方極樂世界】就可以不生不死了。這一句、就是說佛法。這末後三句、就是三歸依的意思。第一句．是歸依佛。第二句．是歸依法。第三句．是歸依僧。從頭上一心歸命起．一直到滿菩提願．都是發願回向的話。既然發了願．就應該要歸依佛、法、僧三寶．所以末了又加上這三句。照這箇樣子．一篇發願回向的文字．才算完全哩。〇這一篇文字．是宋朝時候一位道行很高的大法師．慈雲大師做的。這位大法師．很了不得的．念佛功夫很深很深的．做了勸人修淨土的書．也有好幾種。他這一篇文字．雖然不很長．但是意思已經說得很圓滿的了。

三皈依

修行的人．沒有歸託依靠．就覺得心思搖搖動動．沒有靠託了．一定要歸依佛、法、僧三寶．才可以有著落。所以受三皈依．是學佛的第一步。回向過後．一定再要念這種三歸依．一堂功課．才可以算有一箇結束．才可以算得圓滿。但是念三皈依的時候．每念到一段的末一句．就應該拜一拜．等到三段一齊念完．拜完起來的時候．再問一箇訊．就算圓滿了。問訊、是出家人的話．訊字、同問字一樣的意思．問訊的樣子．同在家人作揖差不多的．先把兩手合攏來．放在胸前．再放下去．到膝蓋地方．再拱手上來．到眉心地方．所以叫做問訊。是取問候的意思．也就是顯明白恭敬的意思。

自皈依佛　當願眾生　體解大道　發無上心

【解】自己歸依了佛．應該要發願．盼望眾生大家明白佛的大道理．發出最高的道心來。【釋】修行的人．不獨是自己顧自己．一定要顧到眾生．才可以算是發菩薩心．發大乘心．所以要發大願心．盼望眾生大家都明白佛的大道理。體解的體字．是體貼到的意思．就是明白的意思．大道就是佛的道理。無上心、就是大慈大悲的佛心．度脫眾生的心。

自皈依法　當願眾生　深入經藏　智慧如海

【解】自己歸依了佛法．應該要發願心．盼望眾生．大家的知識．都能夠進到佛經的深固幽遠．最奧妙的道理裏頭去。【道理不是粗淺的、所以叫深．佛法不可以破壞的、所以叫固有堅固的意思在裏頭．祕密的眞理、不容易明白的、所以叫幽．沒有窮盡的、所以叫遠．奧是深奧、妙是極好．】使得大眾的智慧．像海一樣的大一樣的深。

【釋】經藏、就是佛經．所說的都是佛法。既然歸依了佛法．就應該一心一意的在佛法裏頭用功。深入兩箇字。就是認眞用功。自己的心．同了佛經上所說深妙的道理．都覺得相合．沒有一些抵觸的意思。既然心能彀同佛經上深妙的道理相合．那末自然智慧一天增長一天．直像海一樣的大．一樣的深了。

自皈依僧　當願眾生　統理大眾　一切無礙

【解】自己歸依了僧．應該要發願心．盼望眾生．大家都做大法師。許多的出家人．都歸他管理．並且大家都和合在一塊兒．一些沒有妨礙。

【釋】統字、是總共的意思。理字、是管理的意思。譬如做了寺院裏頭的方丈．那末所有寺院裏頭的出家人．就都歸他管理。現在既經歸依了僧．就應該盼望眾生．大家將來都能彀做大方丈．或是做大法師。所有出家的人．一齊都歸他管理．並且大家都是很和氣的．合在一塊兒．你不礙我．我不礙你。

和南聖眾

【解】和南兩箇字．就是頂禮。【先把兩手合攏來、放在胸前．再把右手移開、慢慢的向下、身體也慢慢的彎下去、右手按著了地．再把左手也按著了地．頭便在那兩手的中間、叩至地上．再把兩手分開來、放在頭的左右兩邊、慢慢的翻轉來．手掌向上稍停一刻、手再翻回來、按著地上、把身體慢慢的起來．仍舊把兩手合攏來、放在胸前．再照前面所說的樣子拜下去、這箇叫做頂禮．也叫頭面接足禮．因爲頭著了地、兩手分開、放在頭的左右兩邊、是接住佛的兩足的意思．所以叫接足．這種禮拜、是最恭敬的．】顯出恭敬的意思來。聖衆、是許多的聖人．所有一切的菩薩、羅漢．都包括在裏頭。起初先拜佛．中間念經．末後拜一切菩薩．同了賢聖的僧人．可以顯出從起初到末了．總是敬禮三寶的意思。

【釋】這一句．實在並不在三皈依正文裏頭的。念三皈依的大衆．只要念到一切無礙．就完了。這一句．是應該敲磬子的人唱的．是叫各人一齊頂禮、菩薩、羅漢．同了一切賢聖僧。拜三拜就算功課完了．各人都可以退了。

及身成就——當生成就之佛法

李炳南老師原著

（甲）要覺悟現在的環境及將來的去路

一、人生逆境多

那一箇人能免了患病、衰老、親眷生別死離、財物失散、怨讐加害？還有貧人希望得財，無兒的希望得兒，無職業的希望得職業。但是求得到的究竟有幾人？這些不如意的事，請問有甚麼辦法解決？

二、此世災難多

颱風吹來了，地震發生了，牆倒屋塌，這就得死傷許多人口，久不落雨太旱了，雨落的太久澇了，五穀不收成，又要餓死人；大水發了，淹沒了村莊，大火起了，燒燬了街市，又要損傷人口；差不多這些事是年年有的，這等於年年有一箇死來降臨。還有這年頭的不太平，世界不講人道的國家，時常製造戰禍。又發明了一些新的殺人武器，甚麼原子彈、氫彈，惟恐殺人不絕種，說甚麼進化世界，簡直是箇大屠場！請問這些災難，誰有方法避免？

三、身後輪廻苦

可憐的很！人死却完不了。因着身死，神識不滅。有六箇所在，就是天、人、阿修羅、畜生、餓鬼、地獄。這神識總鑽不出這六箇範圍去，這六道中天與人比較好一點，但是皆有生死，來來往往轉圈子，你想忽然變天人，忽然又變畜生、地獄，千死萬生，這樣輪轉，堆的尸骨如山，流的別淚似海，眞苦極了！請問誰有方法跳出這箇輪廻圈去，得到安安靜靜的長生？

(乙) 逆境災難輪廻的解救法

一、逆境得轉變，災難能消除

人的苦樂，原是一種果報，這却得合三世來觀，若不懂這箇理，那是講不通的。現在我們遭受逆境，遭遇災難，當然是因果關係，要最快的把他轉變消除，就是「念佛。」經上說過：至心念佛一句，能消八十億劫生死重罪。若能消了罪，還遭甚麼逆境災難呢？經上又說：能念「阿彌陀佛」的人，就有四方上下無量無邊的佛來護念他。佛是萬德萬能法力無邊的，只要佛來加被，還怕甚麼災難？

二、跳出輪迴永遠長生

六道以外，還有甚麼所在，眞是奇聞。哈哈！六道是凡境，那知還有聖境，聖境就是佛國。在這箇世界西方，有一箇「極樂世界」，是阿彌陀佛的國土，全是七寶聚成的，莊嚴淸淨，比甚麼樣的天宮（天不止一層，天帝也是無量無邊）都好幾千萬萬倍，第一的好處就是壽命無量，不像天、人六道那樣的生死不停。經上說過：若是生到那裏去，皆是金身，光明照耀，神通具足，思衣得衣，思食得食，壽命無量，一直成佛。究竟怎麼去法，經上說過：念「阿彌陀佛」念到一心不亂，命終的時候，阿彌陀佛一定就來接你去。

三、再舉箇古訓作證明

前兩條說的好處，皆是經上有的，本來千眞萬眞，用不到再舉證明。但是證明多了，相信的心更堅固。那就不妨多說幾句，這叫作「念佛十大利益」。就是說明念佛的人，定能得到這十種利益：

（一）晝夜常得一切諸天大力神將，隱身守護。

（二）常得觀音等二十五大菩薩，而爲保佑。

（三）常爲諸佛晝夜護念，阿彌陀佛常放光明攝受此人。

（四）一切惡鬼夜叉羅刹，皆不能害，毒蛇毒藥，悉不能中。

（五）水火寃賊，刀兵槍礮，杻械牢獄橫死悉不能受。

（六）先作罪業，悉皆消滅。

（七）夜夢吉祥，或見阿彌陀佛勝妙金身。

（八）心常歡喜，顏色光澤，氣力充盛，所作吉利。

（九）常爲世間一切人民恭敬禮拜，猶如敬佛。

（十）臨命終時，心無怖畏，正念現前，西方三聖，金台接引，往生淨土，蓮花化生，受勝妙樂。

請大家注意，這十種利益，前九種皆是說的現在轉逆境消災難的利益，末一種便是說後來免輪迴的利益。

（丙）念佛怎麼箇念法

一、最簡單的早晚兩個課程

（一）那摩大慈大悲本師釋迦牟尼佛。（一稱一拜或只合掌）

（二）那摩大慈大悲阿彌陀佛。（如前拜稱）

（三）那摩阿彌陀佛。（不必禮拜，但恭敬念去。跪念、坐念、立念、皆可。至少百聲、千聲、萬聲、以箇人功夫忙閒而定。只宜由少增多、不宜由多退少。）

（四）那摩觀世音菩薩。（一稱一拜）

（五）那摩大勢至菩薩。（一稱一拜。觀音勢至、爲彌陀左右脇士、統稱西方三聖。念完了佛、理當要拜的）

（六）那摩清淨大海衆菩薩。（一稱一拜。極樂世界有很多的菩薩、將來皆是我的友、也應當要拜的。）

（七）願以此功德。莊嚴佛淨土。上報四重恩。下濟三塗苦。若有見聞者。悉發菩提心。盡此一報身。同生極樂國。（這是回向文，也就是說明我念佛的願力，願是必要發的）

（八）禮拜而退。

以上功課，每天早晚兩次行之。洗手漱口，在佛像前焚香頂禮，照法念誦。如無佛像，或所住之處，不甚方便，不焚香頂禮亦可。但面向西方，心存恭敬，功德也是一樣。再者，凡括弧以內之小字不念。

二、念十口氣的方法

盡一口氣，念「那摩阿彌陀佛」三五七聲，共念十口，仍念回向文一遍，一拜而退。

（附註）這是爲了很忙的人，想的一箇法子，費時不過五分鐘。最要的就是天天一早一晚去作，萬不可間斷，有佛像對着佛像去作，沒佛像就面向西方去作。

以上兩箇念佛式子，皆是爲忙人而訂的。若有閑工夫，可在第一箇式子第二項以後，念阿彌陀經一卷，往生咒三遍，讚佛偈一遍，（課誦本內全有記載）那是更好。這是最簡單，合實際，決定成功的佛法。

（丁）念佛成功的助緣

一、善惡簡單的標準

念佛是正因，作善是助緣，這好比鳥有兩翅，纔能高飛。但是善惡的界線，普通人還弄不清楚，往往善事不知是善，分明惡事不知是惡。現在根據着十善業道經，舉出一箇標準來。能戒住不犯就是善，若是犯了就是惡，爲着一目了然，列箇表在下面：

- 身三業
  - 殺生
  - 偷盜
  - 邪淫
- 口四業
  - 妄語
  - 綺語
  - 惡口
  - 兩舌
- 意三業
  - 貪
  - 瞋
  - 癡

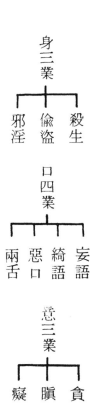

凡是有生命的動物，不論大小，只要傷害他，就是殺生。凡是財物，或是名譽，不論多少大小，不是本分應得的，不經對方許可，明奪、暗竊、強佔、騙取、皆是偷盜。正式夫婦以外，凡與一切衆生行淫，不論什麼理由，總是邪淫。意存欺騙，說虛假的話，叫作妄語。不論言語文字，寫出來說出來，自是提倡着縱慾，或是影響到傷風敗俗，叫作綺語。粗暴的話，罵人的話，叫作惡口。挑撥兩方是非，離間他人感情，叫作兩舌。種種的物欲，戀念不捨，得了還想得，就叫貪。有不如意的事，生恨心，發怒氣，就叫瞋。沒有理智，遇事迷惑，佛說的道理，聖賢的經書，皆不聽從，更不相信因果，就叫癡。

二、往生極樂三大要訣—信、願、行

念佛往生極樂，是佛八萬四千法門以外的一箇特別方法，叫作「門餘大道」。事雖簡單，理實深奧，不是三言五句，就能講明白的。要知佛的道德，比任何的人都高，說的話絕不會騙人。只要相「信」極樂實有，念佛就可以去，便是成功的第一要訣。再肯看破這箇五濁惡世，發出眞心來，「願」意生到極樂世界去，便是成功的第二要訣。也信了，也願意去了，那就得依着方法，每天按時去實「行」做功課，便是成功的第三要訣。

（戊）模範前輩及參考經典

一、古今中外的幾位師表

念佛法門，原是釋迦世尊度衆的徹底悲心；這箇法門最簡便、最穩當、最高超；若是這箇法門再不能修，別的方法，那就更談不到了。這箇法門的好處，大學問的越去研究越覺高深；一箇字不認識的也能辦得到。可惜不明白的人，只把他看作老太婆的事，未免太錯誤了，請看華嚴會上文殊普賢二位大聖，都在經中勸修；印度馬鳴龍樹二位大菩薩，皆著論弘揚；中土古德自慧遠大師一直到印光大師，這歷代祖師，多是先修他宗後來歸的淨土；鸞曇大師有肉身菩薩的名稱，智者大師是佛傳燈的人，全弘淨土；近代天台宗諦閑大師，唯識宗太虛大師，律宗弘一大師，禪宗虛雲、圓瑛二大師，各有著作，也是弘揚淨土。居士們如晉朝廬山的劉雷諸賢，唐朝的白樂天，宋朝的蘇東坡、文彥博，明朝的袁宏道，清朝的彭尺木、楊仁山等，皆是大學問家，他們都是息心淨土，這是人人曉得的。還有許多人，一時數不清，也就不去再說了。我輩自問，智慧德能比以上這些聖賢，誰高誰低？他們都去修淨弘淨，我輩反輕看了，這樣知見，豈能說是正確。

二、參考的經典

說到淨土法門，三藏經典，處處指歸，但是誰有這些時間去研究，只可先檢專門的去看。經有「阿彌陀經」「無量壽經」「觀無量壽經」這三部在最低限度「阿彌陀經」是要多看幾遍。精力若還來得及，「淨土十要」可細看三兩遍，看了就能了解淨土法門的大概。如辦不到的話，「歧路指歸」「初機淨業指南」「佛法導論」等，這都是接引初機的白話小册子，「淨土三要述義」「龍舒淨土文」等，這都是文言小册子；隨便檢兩種看看，也能得到幾分要略；「印光法師文鈔」等於淨土語錄，「安士全書」有些小故事，頗有興趣；這兩種書很能幫助人開智慧，正知見。果能看完了這些書，再看別的經，也就容易了。

(己) 普遍的兩種錯誤心理

一、糾正「心好強似念佛」的流行語

人人心存貪瞋癡，時時身做殺盜淫，強調的偏說自己心好，這不是迷惑到極處了！就讓你的心眞的是好，也無非是按着本書丁項第一條，作到十種善事罷了。這樣只叫做修福，後來可得人天小果，還是出不了輪迴。極樂佛國却不能去，因着路子走的不對，要想往生極樂，必須修慧。修慧就是念佛，如是因，如是果。福是福，慧是慧；要弄清楚，不可混作一堆，誤了大事。

二、糾正「太忙了沒時間念佛」的流行語

念佛能以轉逆境，消災難，生極樂，這是何等的大事，偏看的很輕。多用太忙了，沒時間，幾句話，把萬劫難逢的大便宜拒絕了，眞是可惜！其實眞忙嗎？那並不見得。這件事行住坐臥都可辦，士農工商的業務都誤不了，如不相信，下面有一首短歌，把人日常生活的時間，分析的很清楚，我想大家看了以後，一定會自己失笑的。

不忙歌

知君本不忙　偏說不得閑　二十四小時
八時床上眠　三餐費三時　又用茶和烟
梳洗大小便　總費一時間　出門去吃酒
回家對妻談　至少兩箇時　還怕有糾纏

身困思午睡　二時睡不完　共去十六時
空過大半天　所剩八時內　未必事眞繁
念佛半小時　反說多躭延　且看古來人
幾箇七十年　莫把生死苦　撇在腦後邊
眞正自己事　要緊萬萬千　勸君發猛省
速種九品蓮

⊙附念佛法要

念佛的時候，要把心中一切的事，都要放下，不可胡思亂想。單把六字洪名，從心裏生起來，從口裏念出來，再從耳裏聽進去，印入心中。必須想清楚，念清楚，聽清楚。這樣纔能得到感應。

解答幾個誤會問題

一、有人說：我們公教人員，住的公共宿舍，供佛拜佛，固然不方便，念佛也是攪亂他人不安，我是辦不到的。

答：公共地方，諸多不便，確實不錯。但凡事皆有通融之法，若知念佛是大事，只要誠心默念，便有大效，因着心念比口念更要緊，可不必供佛拜佛出聲。

二、有人說：念佛雖好，但是跑寺廟，跑蓮社，跑素食菜堂，我沒有這些時間。

答：這些地方，並不一定要你去，沒有外出的時間，難道沒有在家的時間嗎？你就在家裏念佛，還有甚麼妨碍呢。

三、有人說：念佛是有錢人做的事，我那有這些閑錢。

答：這又誤會了，念佛實在用不着化錢，三支香能值幾何？就是一支香不燒，也沒關係，只要心存恭敬就好。

四、有人說：念佛得要吃素，這事我不能辦，所以我不能念佛。

答：暫時也不必吃素，但能不殺生，就有大功德。可以學吃三淨肉，就是「不爲我殺」、「不見殺」、「不聞殺」。市場裏殺死的肉魚很多，足夠你吃的了。

國家圖書館出版品預行編目資料

佛說阿彌陀經白話解釋 / 黃智海演述. -- 初版. -- 新北市：華夏出版有限公司, 2023.10
面； 公分. --（圓明書房；022）
ISBN 978-626-7296-39-4（平裝）
1.CST：方等部

221.34 112006364

圓明書房 022
佛說阿彌陀經白話解釋

演 述 黃智海
印 刷 百通科技股份有限公司
電話：02-86926066 傳真：02-86926016
出 版 華夏出版有限公司
220 新北市板橋區縣民大道 3 段 93 巷 30 弄 25 號 1 樓
電話：02-32343788 傳真：02-22234544
E-mail： pftwsdom@ms7.hinet.net
總 經 銷 貿騰發賣股份有限公司
新北市 235 中和區立德街 136 號 6 樓
電話：02-82275988 傳真：02-82275989
網址：www.namode.com
版 次 2023 年 10 月初版一刷
特 價 新臺幣 360 元（缺頁或破損的書，請寄回更換）

ISBN-13：978-626-7296-39-4